生命樹

Health is the greatest gift, contentment the greatest wealth.
~Gautama Buddha

健康是最大的利益，知足是最好的財富。 —— 佛陀

딸에게 보내는 심리학 편지

心理醫師媽媽
給女兒的
人生真心話

給已經長大卻害怕未來的妳——
關於職場、婚姻、獨處與育兒的幸福抉擇

韓星姬 한성희／著　尹嘉玄／譯

—推薦序—

為妳解開三十一個人生課題的答案

金質靈—知名畫家

正值二十代的我，回憶起幾年前離開學校不久，年輕的靈魂總是躁動不安，一心想要逃離家庭的庇護，展翅高飛。就這樣傻傻地帶著一個單純未經世事的心，和對一切未知的滿腔期待迎向世界，心中幻想美好的人生只要付出努力便會自動從天而降……。

事業、經濟、自我完成、人際交往、愛情婚姻……等，所有人生必修的功課如潮水般一波波進入到生命。

面對接續不斷的新課題，因為人生閱歷淺薄，美好的幻想不如預期地一個個崩壞，卻也只能看著自己僅有的價值觀被慢慢顛覆，以為已經做好的心理準備也似乎不堪用。曾以為自己是個早熟的個體，進入了社會後才發現：原來，我什麼都不知道……。

淺嘗江湖滋味後漸漸明瞭，原來人生最重要的功課學校沒有教，即使有溝通良好的家庭，有良師益友的父母作為憑恃，但也有他們使不上力的時候，因為我這一代青年現在面對的是一個全新的紀元。

如今一切高速發展，人類文明的發展進入無限自由，充斥著各種可能性。已經延續數個世代的價值觀面臨挑戰：男女被重新定義？工作的價值？成功還是想像的那樣嗎？面對現代的男女關係，還要結婚嗎？成立家庭呢？……。

青年人面臨社會角色多元，自我期許過高，卻只是拿上一代的經驗如法炮製，那必然要面臨很大的心靈落空。

包括自身在內，周遭有許多內在徬徨和恐懼的年輕靈魂，因為沒有適當的出口和正確價值觀依仗，即使普遍物質生活過得去，但**漂泊的心靈如行屍走肉，失去生存的熱情和動力，似乎只能自己在瓦解和重建的永續輪迴中慢慢長大**。

本書作者韓星姬是一位專業精神科醫師，也是一個母親，以雙重身分寫下三十一封給女兒的信，娓娓道來一個母親對女兒深深的愛和提醒，顯得特別深入精彩。

有多年臨床經驗的韓醫師閱人無數，看過各式各樣的青年人和臨床案例，精準地掌握現代人，特別是年輕女性普遍會遭遇的心理障礙和課題。以母親對孩子無條件愛護的角色和口吻，**溫暖地探討三十一個人生的重要課題，不少引經據典和個案分享，讓我對自己的問題有更宏觀的認識**。

在閱讀的過程中，除了不時被作者溫暖的母愛感動而安撫心靈，更常常不禁想著：「這裡探討的，很多不正是我曾經遭遇和現今正在面對的困難嗎？」

我想，這不只是一本勵志工具書，也不只是一本情感指南，感覺更像是來到一個充滿母愛智慧的港灣，讀者的心靈得以放鬆休息，卸除肩頭上背負許久的重擔，找到陪著自己度過難關的答案。

我相信不僅年輕女性適合閱讀，年輕的現代男性也會在書裡找到屬於自己的答案，同時為人父母者也能在此找到陪伴子女面對困難時的方案，一起在愛裡成長。

繪圖——金質靈（因從書中得到靈感，特別為本書創作此幅畫。）

—推薦序—

看見幸福的窗口

林怡辰—作家、國小教師

出版品中，有一類書是「寫給女兒或兒子的信」，父母總有離開孩子的一天，這些信裡的愛還有人生智慧，是父母給孩子最好的禮物、雋永的陪伴。希望從現在到未來，孩子都能乘著這些文字，度過一個個困境，猶如父母還在身邊。擅長投資的父母，給孩子財富自由的翅膀；會管理的父母，一篇篇深入淺出的運籌帷幄；做人處事、厚黑人性、溫馨動人……各式各樣。

但這本《心理醫師媽媽給女兒的人生真心話》有所不同，一來這是媽媽寫給女兒的書信，飽滿的對話、真誠不戴濾鏡的語言，直接了當的關懷；二來作者是精神科醫師，職業生涯四十多年，看診時間超過七萬小時，**在那些過不去人生門檻的病患面前，那些痛苦掙扎的故事之間，凝聚出來的智慧、直搗核心的果斷、溫暖握著手前進的力量，都是此書不可替代**

的價值；三來，作者的女兒已經三十歲，遠嫁美國，放手之際的最後叮嚀，猶如未來自己給的一份大禮，有著經過淬鍊後的精華、身為女性的敏銳共感，並且經過時間的考驗。不只單方面，不只個人想法，而是量化、質性，全方位的人生難題和情緒困擾因應思考，是讓你看見幸福的窗口。

錯過可惜！三十一個人生的重要課題，有著個案的觀察和具體的背景、心理專業的分析、社會學的觀察、女性身分的思考，還有深思熟慮及小心拿捏。幸福為前提的母愛，層層疊進，句句鏗鏘，有方有據，篇篇精華。

例如第一章，建議即將結婚的女兒當個「壞女兒」，與其面面俱到、當一個他人眼中的好人，不如從這些角色畢業。女兒、朋友、前輩、晚輩、員工，還有媳婦、妻子、母親……作者說：「那些想盡辦法扮演好所有角色的人，反而令人同情。」犧牲自己，只滿足他人期待，這樣的人生，多令人惋惜、後悔和不捨！

「健康愛自己的人，很清楚知道不必事事完美，就算失敗或犯錯，仍相信自己具有價值、值得被愛。」如此簡單避開情緒勒索，避開過度努力，將別人說的「不懂事」當成一種稱讚，被討厭的勇氣才能守護自己，不忘記自己。

是不是很震撼又有道理?!

對於擇偶，書中說：「選擇一個願意放下手機、遙控器和你爭吵的人。」吵架也是一種溝通，願意溝通，不逃避爭吵，好好吵架，磨合興趣、默契和價值觀，才能不斷地舞出婚姻裡的美好。婚姻是兩個家庭的事，衍生出來的人際關係適應，「婚姻生活就是在彼此相處過程中，不斷努力成為對方的完美寶石。」也許彼此都不完美，但有努力的動力，不斷地想要變成對方眼裡更好的自己，就是絕佳伴侶。

但也不是結婚就可以解決所有問題，在婚姻裡也有可能孤單，也許是疏於溝通，或是工作繁忙，每個人就是獨立的個體，只有真心接納彼此隨著歲月改變的點點滴滴，學會和自己、和孤單相處，才會有更幸福美滿的婚姻生活。作者一番話，坦誠、可靠、實在，打破了許多婚姻不切實際的幻想和期待，既真實又有力量。

名片裡的自卑和嫉妒；懂拒絕，不要讓你的人生全部都是別人的代辦清單；不安，是你認真活著的痕跡；人生的無力，不是來自不完美的父母；別靠臉書、網路社群填滿空虛心靈；性愛的定義來自你怎麼正面看待自己；職場上的規則怎麼才能洞悉，而掌握成敗？金錢觀、整容議題……敢說、深刻、創見，果然是在職場上、心理領域看過許多案例的真知灼見，談及許多人不敢碰觸的議題，也站在更高的角度，解構自己和他人錯綜複雜的關係，從中抽取出線頭來，絲絲入扣、條條分明。

從即將結婚的你，健康的心態；到挑戰世界的你，看盡人生風景；那些不安的你，焦慮、空虛、猶豫、挫敗、既有特質的反思；最後直通未來的你，和昨天和解，不管是第二人生還是第三人生，踏出不後悔的下一步。時間從過去、現在到未來；關係從和自己、和女兒、與母親、婚姻和世界；年齡從二十世代、三十世代、四十世代、五十世代的女性生活……道謝、道歉、道愛及道別，都在這本書裡。

當出版社來信時，因為書名曾經更改，我一度困惑，最後才發現，原來幸運的我早在多年前早早入手，用心閱讀，放在架上，時時複習，深感幸運！

母親，就是會永遠把孩子的幸福放在心裡，把最好的給自己的孩子。很幸運地，韓醫師有個女兒，讓我們擁有這本書，也能擁有心理醫師執業多年最好的人生和專業精華，擁有一個媽媽可以給的最好的禮物，然後在愛的文字間，懂愛自己、懂愛別人，誠摯推薦！

—推薦序—

女孩、女人與母職，不同角色的成長和悸動

黃之盈——諮商心理師

這是一本溫婉叮嚀的好書，陪伴女性走過每個人生階段。成為父母之後的我，非常贊成作者在書中說的：「成為父母、親自養過小孩之後，才會真正成熟！」書中有好幾段篇章都讓我看得熱淚盈眶，感動無比！

成年後的我們，總以為不管遇上什麼事，只要親上火線便能一蹴可幾。因此當母職、媳婦、太太的角色上身時，就得變成什麼都很可以。

在這條成人之路上，需要的關懷和叮囑是很隱微的，因為每個第一次，如懷孕、生產、育兒、家務分工、協調金錢用度等，都沒有成為「人生練習生」的機會。有時候其實內心默默地希望：有人可以給予方向和具體作法，卻又擔心會被怎麼看待或者得到不合適的回應。這讓我感受到，轉換新的角色、面對新的人生階段時，每個人都很脆弱，需要鼓勵、協助和

扶助的！面對新身分，我們彷彿回到青少年時期的彆扭和複雜心情，希望靠自己摸索和闖蕩後，能夠完美勝任。

尤其是華人社會，娘家、夫家兩方傳承的言語事物，都給了一分重量，若能從中平衡職場、婚姻、獨處和育兒，那是件多麼美好的事情啊！但人生就是有許多意外，似乎不是樣樣準備就能事事按照自己的想法。

原本想要自然產的我和作者一樣碰上吃全餐的經驗。剖腹時，在我模糊的意識中強烈感受到孩子被拉出來，但抗拒著不斷往內鑽，之後再度驚嚇地拖出我的身體。那瞬間聽見她狂吼哭泣，讓我手足無措、焦慮萬分。女兒的呼喊也提醒著我：「想要聽懂她的哭泣之前，必須先聽懂我自己內心的所有感受」。如此一來，母女倆人才能進行真實的修復。因為原本我和肚子裡的她約定，生產時要轉哪些角度一起努力，一起用力幫助她出生。

手術期間，我彷彿走在鋼索上，時時刻刻都在跟自己對話，因為聽到她的哭泣，我感到羞愧萬分。順著羞愧往下走，是種懊惱和無可奈何！我第一次體認到「說話不算話」這句話離我這麼地近，自己明明做足了準備，卻在下一刻失重。

被推進手術室準備剖腹，扒光衣服、刺入麻醉劑的同時，我赤裸裸的身軀只有感受到冰冷的切割，心中害怕著「女兒，對不起。在和妳共有的第一個故事裡，我卻說到沒做到！妳會原諒我嗎？」隨著麻醉劑發揮作用，我昏了過去，只記得女兒淒厲的哭聲喚醒我的意識，我完全能感受到她的驚恐和抗議。

自我對話是非常有幫助的，尤其過了自己這一關後，就有機會向對方真誠表白：「寶貝，我知道妳很錯愕。妳要出來的方式，和媽咪跟妳約定的不一樣。其實，我也是同樣的感覺，一切都太錯愕、太突然了……。媽咪後來想了想，也謝謝老天，在無可奈何的經驗中，還好我們擁有彼此，有媽咪陪著妳一起度過，共同感覺這份錯愕和驚恐。而妳有我的陪伴就不孤單，未來媽咪一樣會這樣陪伴妳，創造屬於我們的故事！」

從我真實面對自己的挫敗感，好好向女兒表白後，女兒淒厲的哭聲開始有了轉變。在成為母親的道路上，不僅是帶孩子來到這個世界上，還有一路的陪伴與共同面對人生難題。

身為母親的我，也受惠於作者想要藉由本書讓「全天下的女兒、女人」能在心中得到共感和寬慰。**就像一位母親正在殷殷的叮嚀、陪伴在我身邊，分享她在各個階段的人生歷練、體悟、個案故事、分手時如何調適，以及在關係中如何進行忠實的陪伴等。**

然而，孩子總在一瞬間長大，每個階段的需求都不同。四歲的女兒以往的睡前儀式就是和我十指交扣，但就在前幾天，當我睡覺要握住她的手十指交扣時，她突然問我說：「媽咪好熱哦，為什麼妳要扣住我的手？」

我疑惑地心想：「咦？前陣子妳不是還央求要和我十指交扣才睡得著嗎？」這時我才意識到，孩子的成長往往就在一瞬間。最後，我只有輕聲說道：「嗯，好的，今天妳熱啊，那我就幫妳蓋被被到肚子，睡覺囉！」

不過，時刻變化的不僅有孩子，母親也是。親子關係沒有一定的準則，但若有強大的內心支撐，絕對足以陪伴妳度過內心崩落、自我懷疑的那些時日。期待閱讀本書後的妳，也能在自己的生命經驗中，感受著穿梭在不同角色裡的成長和悸動！

—推薦序—

一本寫出我們擔心的、害怕的、想要的療癒之書

林靜如—娘子軍女頭目、作家

二〇一八年二月初，我的女兒誕生了。在這之前，我和先生還有我們的獨生子相處了將近九年，不知道是不是因為這樣的關係，在自己的工作中遇到女性朋友的求助，我總是給予相當理性的建議。

「這也是沒辦法的事……。」

「法律就是這樣規定啊！」

骨子裡，我活脫脫是半個男子漢，選錯人，換一個就好；關係搞壞，丟掉便是。「律師娘」，其實一點都不娘。

但前幾天，我跟先生分享了一個自己的改變。我說：「不知道是不是懷過了女兒，荷爾蒙有了變化，最近突然變得很敏感，被讀者私訊問問題，常忍不住跟著感傷起來。」或許是

因為，我開始深刻地意識到她們都是某人的女兒吧！

先生則是說：「嗯……生女兒跟生兒子的心態真的很不一樣，我女兒可以不用嫁人沒關係，但希望不要被人欺負。兒子就……該怎麼說呢？」

「就是兒子受點挫折可以更強壯，女兒不用強壯，爸爸保護妳就好，對嗎？」當然，你前世的情人啊！

其實，我也是這麼期盼著；可惜，似乎難之又難。不然，我的粉絲專頁就不會有二十幾萬名女性齊呼按讚了，這也是先前我在懷女兒時有感而發寫下給女兒的三十封信的原因。

無獨有偶，韓國也有個心理醫師媽媽寫下了三十一則人生建言給她的女兒。關於那些冰冷的與溫暖的世事，我們都躊躇在溫柔與理性之間，想給女兒最直指核心的媽媽經。不同的是，我的女兒剛出生，而她的女兒已經三十歲，即將往我的年齡邁進。坦白說，很多時候，我也想要找個像作者這個年紀的女性長輩聽聽她意見，特別是像她這樣的專業背景，更讓人覺得有種歷經人事、智慧傳承的信任與期待。

對於女兒即將走入婚姻的她，肯定懂得我們擔心的、害怕的、想要的，一切女人可能經歷的心態。當我們奔向幸福時，如果能有個指南，就不至於需要左顧右盼甚至失去方向。

「當個壞女人！」她說。這是我的母親從來沒有跟我說過的話，因為我的母親自己就是個傳統認定的「好女人」，可是媽啊！我覺得妳好辛苦。我可以比妳再輕鬆一點點嗎？我可以比妳再快樂一點點嗎？我可以不要犯妳犯過的錯嗎？身為女兒，占老媽一點便宜應該沒有關係吧！

我的母親說不出口的話，不見得是不想跟我說，而是不知該怎麼說，才是為我好、才不會愛之適足以害之，這些作者都懂，所以**她幫所有的母親說出口**。

有一天女兒變成了母親，也要將這些該說的話，說給自己的女兒聽。我們不用完美，甚至可以懦弱，但如果可以少一點失誤，就有機會過得更幸福。

每個母親都想把最好的給自己的女兒，但謝謝韓醫師，**把最好的，留給了天下的女兒。**

讓我們相信，我們有克服一切挫折的力量，並且愛自己如同母親愛我們般，永不背棄。

—推薦序—

淬鍊後的人生智慧——享受每一個過程

陳嬿伊—精神科醫師、微煦心靈診所院長

關於人生，在不同的年齡、性別、職業、個性、角色、時空背景等因素下，可以有好多不同的詮釋。本書以三個具有代表性的角色：女性、母親、精神科醫師的角度切入。**有著女性的纖細感性、獨立堅強，伴隨著身為人母的心路歷程，與精神科醫師所具備的心理專業**。這些特質綜合起來，讓本書在閱讀上充滿著不同的層次感，可以感受到心理專業的分析，社會現象的觀察，女性多重角色轉變的心態調適，與作者對女兒所抱持的情感。字裡行間傳達著作者為人母的關心、擔心與自我省思。**每個篇章間感受到人生不同境遇的脈絡**，多元化地呈現串連出這本值得閱讀的好書。

我們最早的人生是在媽媽子宮內開始的。從那一刻起，就與母親有著密不可分的關係，即便日後脫離了臍帶，漸漸長大成人，離開原生家庭且有了自己的家庭，過去成長過程中被媽媽影響的那部分，其實從未脫離我們。不管是潛意識還是已經察覺到的，都會是我們在人生中難以避免的課題。

作者在書中提到唯有將過去母親壓抑自己的陰影全都擦去，放下認為母親應該改變的執著，我們才能徹底獨立。她認為個人過去與母親的心結與傷痛若未化解掉，可能會傳到下一代，下一代若還是無法化解掉，就又會再傳到下下一代。唯有理解母親內心的傷痛，才能與過去和解。這也解釋了常常有些子女抱怨自己的父母親有某些不好的特質，像是脾氣差、沒耐心等，但同時自己卻具備了相似的特質。在感到納悶的同時，不妨去思考為何父母會有這些令人不悅的特質；理解的過程中學習去包容與釋懷，自然地這些特質就不會那麼容易轉嫁到自己身上。

在自我探索的部分，作者引用了兒童心理學家唐諾・溫尼考特（Donald Winnicott）的「真我」與「假我」：在幼兒時期能獲得母親的支持與接納，孩童就能對自己產生正向感受，發展出真我；若母親無法協助，小孩在未能感受自己的情感前，會培養出屈服順從於母親的情緒與期待的態度，此時就會發展出假我。

以真我為人格中心的人，會懂得發掘自己真正想要的；若是以假我為人格中心，就會活在別人的期待中。我在診間遇到的多數患者，多半是假我的人格中心。**他們希望扮演好別人眼中的自己，或是成為一個社會家庭所期許的自己。這樣的人生很容易被別人的待辦事項或**

是要求所填滿，在努力達到外界期許的過程中，漸漸地迷失了自己。同時容易在關係中被另一方情緒勒索，這部分作者在書中做了很好的提醒。

在自我成長的部分，作者提出了很多不錯的觀點，像是「無論在何種處境，自己都有權選擇用何種態度面對」、「只要清楚知道自己究竟為何而活，就能戰勝任何困厄」、「人都有自我修復的能力，痛苦能使我們變得更堅強」、「若想逃避心中地獄，就會遠離心中天堂」、「人生許多問題來自於沒有照顧好自己的內心」、「活著就等於學習，學習就等於持續成長」等。這些都是我們在面臨人生困境或是覺得人生失去意義時，可以回過頭好好省思的內容。

而關於婚姻與感情的部分，作者也給了不少當頭棒喝！像是別把婚姻當避難所（有些人為了逃離不幸的原生家庭，在還未準備好的情況下就進入婚姻，以為婚姻可以解救自己，沒想到卻是一連串的惡性循環）；感情需要培養出彼此的精神契合度，這樣的契合度需要兩人不斷地爭吵與和解，不要因為害怕爭吵而失去了溝通的機會。婚姻溝通上，作者提到了「情緒性表達」與「明確表達情緒」是兩個不同的情況，要盡量避免會阻礙溝通的情緒性表達。

此外，作者以職業婦女的過來人身分提醒職業婦女們，若要度過家庭與工作的爆炸期，需具備長遠的目光，想像自己五十歲之後已經成長進步的樣貌。我非常認同作者提出的工作價值觀：**讓工作成為幫助自我成長的一部分**，而不只是為了工作而工作，或是為了社會家庭的認同而工作。書中特別強調，職場女性需要理解男性在職場上與女性有著不同的思維，並且進行調整。

在完美主義盛行的世代，作者鼓勵大家不要怕犯錯，因為失誤次數愈多，人生後悔的機率就愈少。若是執著於當下的完美，就會被困在其中。作者強調人生只是過程的延續，並無結局，所以請不要那麼在意其中的結果好壞，反而要**在過程中尋找一些幸福**。

作者在書中傳達了很多人生不同情境下可能會遇到的問題，然而藉由提升自我覺察、學習反思、勇於面對挑戰，才能自我成長。在其溫暖的母愛筆觸下，我看到了一位女性精神科醫師**在人生淬鍊後的智慧**，對於同樣身為女性精神科醫師的我，尤感敬佩。

特別將此書推薦給所有的媽媽與女兒們。

目錄

Chapter 2

放棄追求一百分的完美人生，更快樂——關於愛與獨處

Chapter 3

焦慮、空虛、不安，是認真生活的「榮譽勛章」——關於情緒和工作

Chapter 4

幸福是種技術，我們都該學會如何活著——關於人生與育兒

前言 不安，是妳認真活著的痕跡

女兒啊，好久沒寫信給妳了，最近還好嗎？有沒有按時吃飯？在美國的新婚生活是否依然甜蜜？工作也都還順利吧？雖然我們經常透過電話或即時通保持聯繫，但媽媽心裡還是時常惦記著妳啊！沒辦法，只要分隔兩地，當媽的就會不自覺地時時刻刻都在擔心小孩是否吃飽、穿暖？身體是否健康、有沒有哪裡不舒服？

有時，我會反問自己，這輩子是否曾如此渴望得知某人的消息。其實我在生妳之前，一直是個很享受工作成就感，只看前方、勇往直前的人，甚至一度以為世上沒有什麼事是自己辦不到的，簡單來說就是不知天高地厚；直到生了妳以後，才第一次感受到什麼是心有餘而力不足。

在妳襁褓時期，我每天都必須一邊看著醫院同事的臉色，一邊照顧脆弱的妳，整天擔心妳會不會突然跌倒受傷或發高燒，過著戰戰兢兢的日子。這讓我初次體認，原來世上還是有許多不能如己願的事。在這些獨自承擔的日子裡，甚至曾質疑自己，如果連妳都照顧不好，那我究竟還能做什麼？後來終於體會什麼才是人生中最重要的，為什麼人們會說，每一個人都要等當了父母、親自養過小孩後，才會真正成熟。

我想，要是當初沒有生下妳，或許我在事業上會有更耀眼的成就，但我相信，就算那時事業有成，心裡也一定是空虛的。每當我意志動搖時，只要想起妳，就能再次找回生活重心。這樣看來，在我人生中，或許妳才是老天爺給我最大的禮物。

如此寶貝的妳，去年某天突然向我提起了終身大事，還說婚後定居美國。我原以為，妳可能在美國工作個幾年，等快要結婚時一定會再回來韓國，到時我就能經常見到妳。所以即便心裡很想念，也不斷告訴自己再多忍耐一下吧，卻萬萬沒想到妳竟然要直接在異國落地生根了。

一方面我感到非常欣慰與驕傲，世界上怎麼可能有父母不祝福子女長大成人，積極開拓自己的未來呢？但不可否認的事實是，心中某個角落的確有些不捨和空虛。應該說，得知這個消息時，一開始真的很難接受妳離我千里之遙，獨自一人在異地生活的事實。直到有一天，我腦中突然浮現一個念頭，我想好好送妳一份禮物——為了帶給我人生非常多寶貴禮物、即將遠離我獨自生活的妳。

我是妳的母親，妳是我唯一的寶貝女兒，回想我們相處的三十年歲月，真的發生了好多事。然而我發現，可能是因為過去妳一直都在我身邊，抑或以為未來妳也一定會在我身旁，所以其實有很多話，我都沒能親口對妳說。

過去三十三年期間，我身為精神科醫師，至今接觸過的病患應該超過二十萬人，看診時間將近七萬小時。每個人都帶著各自的人生痛苦和煩惱，找我一吐怨氣並諮詢解脫之道。**每當遇見和妳年齡相仿的患者最讓我心疼，因為她們總令我想起妳，深怕有些事情妳會不會也不敢向我開口。**

好比幾天前，一位三十歲女性，她不發一語，突然就嚎啕大哭了起來，哭到用完一整盒衛生紙也停不下來。大哭一場後，可能多少撫平了一些情緒，才終於開口說話。原來她是約聘人員，這陣子飽受公司隨時可能請她走人的壓力，加上先前原本約定好的婚約，也被男方突然喊卡，所以這陣子很不好受，壓力很大。最後她還補了一句：「大哭一場，心裡終於舒坦多了，過去一直很想哭，但因為怕父母擔心，總是強忍著情緒。」

當下聽她講完這些話，妳不知道我有多心疼。明明應該是充滿自信與活力的花樣年華，卻過著連哭泣都不敢隨意哭的日子。

人們雖然經常抱怨景氣不佳、民不聊生，但只要年輕人因為沒有正職工作而心裡徬徨，或為了將每月所剩無幾的薪水存起來而備感壓力時，旁觀者們嘴上雖說著感慨萬分的安慰話語，內心卻認為這些年輕人一定是不夠努力才會淪落至此。「明明有手有腳也有大學文憑，卻在家裡當米蟲，一定是他個人問題；一定是因為不珍惜用錢才會存不到錢」……這些都是人們心中最真實的心聲。

這些年輕的孩子一心相信「只要努力就會成功」而全力以赴，卻面對連一個職缺都不願提供的無情社會，因而感到挫折、感到辛苦，而這些問題全都被歸咎於自己太差勁，於是連放聲大哭都不敢。即便埋怨這社會、埋怨他人也沒有用，無情的時間仍然不斷流逝，能承擔這一切如噩夢般痛苦的人，只有自己。

不知從何時開始，我有很多話想對與妳年紀相仿的朋友們說，想叫她們不要太執著於每一件事情都要會。**如果現在感到不安，就代表妳有在認真過生活**，不必太過擔心。這些是至今我沒能對那些在診療室裡遇見的年輕朋友們說的話，也是我想對步入婚姻後就要出國的妳說的。於是我開始寫書，過去一年來，我在稿紙上寫了又擦，擦了又寫。

三十三年的精神科醫師生涯，雖然讓我學到很多事，但依然覺得自己還有許多不足之處，更擔心我的文章會不會不但沒能撫慰心靈受傷的年輕人，反而將她們推下更深的懸崖。但是我相信有些話現在不說，以後一定會後悔，所以我決定將心中想說的話整理成冊，**這些是除了媽媽以外沒有人會對妳說的話**。

女兒啊，媽媽愛妳。無論其他人對妳評價如何，妳都是我這輩子最疼愛的寶貝女兒。這也意味著，無論妳做出任何決定，導致任何結果，我都會無條件支持妳，所以只要如同以往，不要有任何畏懼，勇往直前就對了。

嘗到失敗滋味又何妨？大不了休息一會兒再重新上路就好，至少不是一個連試都沒試過的傻子，這樣就夠了。無論面臨任何挫折，都希望妳能以趣味盎然的平常心面對。若是想不到如何能讓生活變得更有趣，或心中怒火無法平息時，不妨翻開這本書吧！希望媽媽這一路犯過各種小錯誤卻依然快樂的人生，能為妳帶來一些勇氣與力量。

為我的女兒，以及世界上的所有女兒，加油。

永遠疼愛妳、支持妳的媽媽

Chapter 1

妳為了什麼而活？這輩子，妳最應該珍惜的人是自己

——關於世界和妳

人類永遠不會被剝奪的最終自由，就是——
無論身在何處，我們都有權選擇用何種態度面對。

01
當個「壞女人」！事事完美，最令人同情

妳在紐約曼哈頓舉行婚禮的那天早晨，我暫時拋下忙著梳妝的妳，走到街頭，腦中浮現的是過去與妳的點點滴滴，回憶像跑馬燈從眼前閃過。

俗話說：「刺蝟也會認為自己的寶貝最可愛。」我至今仍無法忘記迎接妳來到人世時的那一刻。「天啊！你們看看這丫頭，有舌頭、有嘴脣，該有的都有呢！」明明是正常孩子都有的東西，我卻彷彿以為只有自己孩子才有般的欣喜若狂。

此外，看著比同齡孩童更早識字的妳，甚至天真地想：「我的小孩該不會是個天才吧！」即便經常被其他朋友調侃：「我還以為精神科醫師會與眾不同，看來愛孩子的心全天下父母都一樣嘛！」我也毫不在意。不！應該這麼說，在我眼裡，妳的的確確是世上獨一無二、完美無瑕的孩子，而且我從未懷疑，妳長大後一定會是個很棒、很優秀的人。

從母親的角色畢業吧

雖然只有妳一個孩子，但謝謝妳長得這麼好，帶給我好多歡笑。雖然我們有時也會像其他母女一樣起爭執，青春期的妳更經常惹我生氣，但如今這些都成了美好幸福的回憶。回想起來，當初雖然教導妳未來一定要成為「優秀的人」，但其實我自己也不清楚標準究竟是什麼，就像世上所有母親一樣，為了將妳打造成媽媽心目中理想的樣子，或許無形中已經對妳造成許多不必要的壓力與負擔。

而事實證明，媽媽為妳設定的方向，每一次都沒有如願實現；從國中、高中、大學，一直到妳去美國留學都是這樣，但在每一次跌跌撞撞後，妳都走出自己的路。在那段過程裡，我因為擔心而經常嘮叨，有些妳堅持要做的事也被我勸阻。每當發生這種事，妳總會埋怨我當媽媽的不但不支持女兒，反而阻止妳做想做的事；甚至妳會賭氣地不發一語，而我的心只能默默淌血。回想起來，其實那些都僅僅是我的個人欲望，是我太早為妳設定道路，而且妄下定論妳一定要走那條路才會幸福。

有一天，妳突然告訴我，在美國遇見了想攜手一輩子的男人，想與他結為連理，希望能收到我的祝福。這些當然沒有問題，但當我得知妳未來要和他繼續在美國生活時，我的心突然沉了下去。因為一直以來，我都理所當然地以為妳留學完後會回到我身邊，即便婚後也能經常見面，但妳的決定等於從今以後就真的要將妳送到遙遠的美國。坦白說，我也曾經怨嘆，怎麼以後連在一旁看著妳生活的機會都要被剝奪？但念頭一轉，又突然冒出這樣的想法：「孩子轉眼間已變成大人了，看來真到了該放手的時候。」

或許妳早已獨立走在自己要走的路，我卻渾然不知，繼續用必須將妳擁在懷裡照顧的心態，否定妳的獨立。或許我早該對妳說：「想做什麼就盡情做吧！」這點的確是媽媽的不足，真心對妳感到抱歉。

人生有許多重要轉折點，從小孩變大人，從女人變母親，從母親再變回「自己」，這一連串過程雖然看似隨著時間流逝、年紀增長，自然而然就會來到，但我們卻要經歷每段不同時期所須扮演的角色轉折。每當經歷這些轉折點時，痛苦總會伴隨而來，使得有些人不願面對這些變化，也因此我們都**需要勇氣來面對那些轉換時刻**，**切斷過去的角色**，**迎接新挑戰**。

就像小孩長大成人，就必須脫離過去父母照顧自己的世界，這對子女來說叫作獨立，對父母而言則是失去。

我一直以為自己已經準備好——有一天妳會離開我懷裡；但當妳親口對我說要離開時，卻發現那湧上心頭的悲傷難以抑制。不過妳別擔心，在婚禮當天的早晨，我在曼哈頓喝著咖啡，**舉行了一場自己的獨立儀式**。多虧這場儀式，才讓我免於在婚禮上變成一把鼻涕一把眼淚的母親，用微笑將妳送走。

女兒啊，謝謝妳，多虧妳先勇敢地打碎父母親的世界，我才能真正從母親的角色畢業。

放棄扮演每個人眼中的好人

至今妳扮演過女兒、朋友、前輩、晚輩以及員工等角色，但從結婚那一刻起，妳將成為媳婦、妻子以及未來孩子的母親，也就是說妳必須扮演的角色會突然增加。人們通常希望自己能扮演好所有角色，盡可能實現別人對自己的期望，並擔下所須承擔的責任，達成被賦予的任務，更何況這是個徹底肯定一人分飾多角、能者多勞的世界。

然而在我眼裡，那些**想盡辦法扮演好所有角色的人反而令人同情**，因為如果要達成這樣的目標，必定需要犧牲自己。這樣的案例不勝枚舉，只要自己辛苦一點、犧牲一點，所有事情就會順利。所以想說的話不敢說、想吃什麼也忍著；比起自己「想做」的事，會選擇先做「應該做」的事。只要為了老公好，即便犧牲自己也是應該的；就算自己快累垮了，這該死的世界依然強調「這才是所謂真正的母性」。

女兒啊，如果有人對妳述說女性該有哪些美德，並要求妳要像我們的母親一樣過一生，記得千萬要把耳朵遮住，然後果斷地回絕對方：「我沒辦法做好每件事。」如果對方因此認定妳不是好女人，妳就將它當作是種稱讚。唯有如此，才能在扮演多種角色的同時，不忘自己的立場，並守護好自己。

我曾希望能成為能幹的醫師、好媽媽、好太太、好朋友、好媳婦、好上司……喔，不對，應該說我已經朝這樣的目標努力了好多年，但無論我多努力，還是有人不喜歡我，再怎麼樣仍然有很多漏洞和問題。只要醫院工作順利，妳就會有事使我操心；妳聽話了，娘家就有突發狀況；娘家稍微安靜了，婆家又會有事。於是無論我多麼加倍努力想處理好每一個環節，最終還是沒有風平浪靜的一天。尤其在妳還小時，我每天必念著：「希望今天順利！」要是我抱怨一、兩句，旁人還會說：「幹嘛自找罪受，在家帶小孩不是更好？」

雖然當時這些話讓我很受傷，但也因此使我重新檢視自己真正要的是什麼。比起每件事都力求完美，不如要求自己無論扮演哪種角色，只要狀況不嚴重，適當地調節，這樣過日子就好。也就是**放棄扮演每個人眼中的好人**，放下「每件事都一定要做到最好」的欲望。

健康地愛自己的人，很清楚知道不必事事完美；就算失敗或犯錯，仍相信自己具有充分價值、值得被愛。美國劇作家喬．柯德爾（Jo Coudert）就曾說過：「人沒有非要得到他人的愛不可，也不需要為此犧牲自我；**真正的生活重心且無比重要的一件事，就是愛自己。在妳這輩子所認識的人當中，唯有妳，才是最終對自己不離不棄的那個人**。」

如果這世界對妳太苛求，讓妳對自己所扮演的角色備感壓力時，不如做好被別人說「不懂事」的心理準備，正面面對。別忘記，媽永遠都會支持那樣就好的妳。

02

擇偶：願意放下手機、遙控器和妳爭吵的人

「媽，我要結婚這件事，真的是對的決定嗎？要是後悔怎麼辦？」

「那就別結囉。」

「媽，妳也真是的，怎麼能說這種話？算了，當我沒問。」

雖然妳不滿意我的回答，但我心裡十分明白妳絕對不會因此而放棄，所以我並不擔心，只有用微笑回應妳。

在我年輕時的年代，普遍認為女性二十五歲左右就該結婚生子、打理家務，立志成為賢妻良母一點都不稀奇。但最近社會上似乎又開始出現一群夢想成為賢妻良母的年輕女性，她們被稱為「求嫁女」。「求嫁」是求職與婚嫁的結合語，意思是希望能與經濟能力穩定的男子結婚。韓國因長期經濟不景氣，釋出的職缺逐年遞減，結婚反而成了另一種穩定經濟方案。

身為精神科醫師，我替無數對夫妻諮商，也看過許多令人感慨的案例。個人認為，只要男女雙方有共識，無論求嫁或求娶都沒有任何問題；但如果只是為了逃避現實而選擇嫁人，我會建議務必考慮清楚。

別把婚姻當人生避難所

智賢小姐正是如此。她二十九歲結婚，如今三十五歲就想離婚，老公並沒有外遇，也沒有在外拈花惹草。當初會選擇與對方結婚，單純只因為老公每個月會固定給她足夠的現金。而現在的她，彷彿像個失去水分的原木，外表看似光鮮亮麗，實際已如槁木死灰。

「我這輩子最大的心願就是逃離高壓管教的父親，所以當我遇見老公後馬上決定結婚，但現在我反而想要逃離，我討厭老公和婆家。」

對智賢來說，婚姻是她唯一能夠逃離父親掌控的避難所，以為這會是逆轉人生的絕佳機會；但婚後面臨的現實並不如預期。老公是個死板保守的人，即便在家也像在公司工作一樣，她始終無法對自己的老公吐露心底話。

她所追求的幸福，單純只有偶爾和老公一起散步，親密對話，一個月至少一次外出吃頓飯（譯按：韓國家庭普遍以自家烹煮居多）。相信誰都認為這並不是多麼困難的要求，只是非常小的心願，所以她理所當然認為會實現。但事實上她與老公吃飯也像和主管用餐般，氣氛總是十分緊繃。經濟上雖不愁吃穿，但生活及心靈層面卻沒有任何可以保證她能幸福的元素；就像即便住在有著漂亮公園的豪宅，也不保證就會去公園散步一樣。

其實，智賢只是希望能在老公的屋簷下躲雨，但世上屋簷千百種，有些屋簷只能防風但不防雨，有些則是防風雨但不防晒；如果像她一樣期待能在屋簷下好好休息而選擇踏入婚姻，無異是緣木求魚。

如果能和兼具麵包與愛情的男人共築未來該有多好呢？但目前韓國女性多半還是比較注重男人的經濟條件，很少在意精神層面的契合度。許多人天真認為，只要遇到合得來的人，自然會幸福，只要對方愛我，就一定會對我好。要是真這麼認為而放寬擇偶條件，問題還不大，但偏偏婚後總會因為男人不再像以前一樣對自己好而傷心難過。

即便當初並不全然相信男人會把自己當公主般天天捧在手心過日子，但眼看枕邊人婚前婚後的大幅改變，不禁讓人懷疑他究竟是不是自己當初喜歡的那個人，而陷入失望與憤怒之中……當這樣的怨念在心中油然而生，一不小心就很有可能掉入再也無法挽回的深淵。

男女之間的精神層面也應該像經濟層面一樣，需要時間與努力。簡單來說，**熱戀過後冷卻的空間，需要靠夫妻兩人的興趣、默契與價值觀等來填補**。問題在於世上不會有人告訴妳這些事，金錢容易以精準的數字算出缺乏多少；但男女之間的精神契合度，唯有靠兩人不斷地爭吵與和解，才能培養出彼此的默契。

在我看來，她們只是嘴上說麵包比愛情重要，心中其實依然渴望著穩固扎實的精神戀愛。就結婚而言，古代人或許更乾脆，由父母做主，每個人都得和素昧平生的人結為夫妻。但如今人們認為家庭並非只是單純的經濟共同體，更應該是由愛與友誼結合而成的幸福共同體，比古代人對家庭有著更高的期望。當期望愈高，必須付出的努力也就愈多，兩人之間的愛情，也必須像家中經濟一樣，不斷努力經營維持。

婚姻裡除了溝通，其他都是小事

三十多年來各自過著截然不同生活的兩個人，要攜手共度下半輩子，簡直難如登天。雙方需要面對的事難以細數，從細微的習慣到內心的傷痛、缺點等，因此爭執難過無法避免。但我可以肯定的是，只要兩人不逃避衝突，不放棄為彼此找出解決辦法，日積月累，那份努力將成為維持婚姻生活的強力後盾。因此，我建議即將結婚的人，一定要花三天時間問問自己以下幾個問題：

第一天要問：「我有辦法和這男人溝通嗎？」

第二天也問：「我有辦法和這男人溝通嗎？」
第三天再問：「我有辦法和這男人溝通嗎？」

哲學家尼采（Friedrich Wilhelm Nietzsche）曾說：「結婚前先問自己，即使老了也能和他溝通嗎？**婚姻生活裡除了溝通，其他都只是一時的事**。」

如果說戀愛時，他是可以為妳摘下天上星星的甜蜜關係，那麼婚姻就像每天必須一同解決許多事情的夥伴關係。因為從結婚那一刻起，娘家與婆家問題、子女計畫、教育問題、金錢管理、家事分擔，甚至脫掉的襪子放哪裡，以及上完廁所後不沖水的壞習慣等，許多戀人關係中不曾想過的問題，都會逐一浮現，使妳不得不去面對。因此，結婚初期夫妻爭吵會比吃飯次數還頻繁，我過去也是如此。

在我近三十歲那一年，遇見老同學也就是妳爸爸，就閃電結了婚。雖然爭吵不斷，但很幸運的是，兩個人都沒有逃避衝突，我們並沒有努力不再爭吵，而是**為了有效的爭吵而努力**。這也使我突然驚覺到，原來自己真的很幸運，能與這麼不錯的男人共度此生。

「懼內族」或因為討厭面對衝突而不斷迴避的男人，只會為妻子帶來更多負擔；反之，不分青紅皂白就動怒的男人，也只會對妻子造成心理傷害。

哈佛法學院教授、溝通談判專家道格拉斯．史東（Douglas Stone）在其著作《再也沒有難談的事》（*Difficult Conversation*）中就提到，「很多人往往會**將情緒性表達與明確表達情緒混為一談，但兩者是截然不同的**。就如同即使不用情緒性語氣也能明確表達情緒一樣；即便不做任何表達，也可以是極端情緒性的表達方式。」可以溝通的男人懂得如何表達自己的情緒，也會懂得理解太太的情緒。

所以不妨換個心態，「啊，原來婚姻是會不斷起衝突的，那麼不如挑選一位能和我真正好好吵架的男人。」能夠健康地爭吵也是一種本事。

美國記者和幽默作家海倫．羅蘭（Helen Rowland）就曾說過，「**男人婚前為了得到妳，會願意犧牲性命；婚後則是連報紙都不願放下與妳交談**。」我寧願妳和一位願意放下報紙、遙控器，和妳吵架的男人結婚，因為唯有激烈爭吵，才能使夫妻一同朝著共同方向邁進。幸運的是，妳似乎遇見了我所說的這種男人，讓我放心不少。

女兒啊，但我必須提醒妳，第一次經歷夫妻吵架往往是孤單寂寞的，世界上還有什麼事比男女共同生活更加戲劇化呢？一下上天堂，一下到地獄，悲喜交集。人們經常為了修練身心而四處奔波，但我認為沒有什麼修練場是比踏入婚姻更能讓人磨出寬闊心胸的。勇敢跳進婚姻修練場的女兒啊，當妳感到寂寞難受時，希望妳能念念以下這首詩，也為了日後能再次和老公好好吵一架。

一張長桌
須藉兩人之手才能搬移
若遇窄門
一方就須背對入門
後退入門者須細讀另一半表情
小心翼翼向後跨步
有時伸展腰部
兩人就須調整高度
不因即將抵達
就砰地一聲擅自放手
走路的步伐快慢也需兩相配合
一步
接著一步

——韓國詩人咸民福〈夫妻〉

03

妳的自尊與自卑藏在「名片」裡嗎？

最近只要問二十世代的年輕族群，他們的煩惱是什麼？十之八九都會先長嘆一口氣，接著表示都在為求職煩惱。擔心自己要是一直找不到工作，不知該如何是好。所以，當我得知妳在紐約大學畢業不久，工作就有著落時，感到非常欣慰。雖然之前一直都沒對妳說，但其實在妳畢業後，靠著學校的延長居留簽證苦撐，四處投履歷的那段日子，我的心也陪著妳焦慮。

當然，我深知當時的妳，壓力一定比任何人都大，所以從未在妳面前提及就業的事。因此，每當我看見不斷投履歷、面試、沒得到通知，再投其他家履歷的二十世代年輕人，都會感觸良深。我的患者——慧瑛小姐正是如此。

慧瑛是位喝過洋墨水、兼具傑出實力與可愛外貌的優秀人才，也是經常被人稱羨的「媽友女」（譯按：媽媽友人的女兒，意指媽媽在教訓兒女時，經常會將朋友的子女與自己子女做比較，因此「媽友女」指的是眾人羨慕的完美女兒）。

然而，她卻將自己視為一文不值的廢物，來找我做心理諮商。經過一番交談，我才知道原來她對於工作有著接近病態的執著，認為非得進知名大企業上班不可，程度嚴重到每當結果不如她所願時，就會想「與其這樣活著，不如乾脆死掉算了」。對她來說，「大企業」的頭銜，是唯一能洗掉她自卑的關鍵。

其實只要她願意，一定可以找到很多企業規模雖小，但職位穩定的工作，可是她依然堅持非要進入一流大企業就職。

「名片社會」裡不幸福的靈魂

美蓮小姐也帶著類似問題找上我。她在長時間的就職準備後，雖然沒能如願進入心目中理想的大公司，卻也進了一家性質類似的小公司，工作還算愉快。因為公司小、員工人數不多，加上又是新人，自然被指派要做各種不同的工作，這讓她學到很多，也非常喜歡每位教導過她的前輩。

但是每當她和大學同學或學長姐、學弟妹聚會時，就覺得自己矮人一截。任職於知名企業的大學同學，每次都自豪地向大家遞出名片，但是美蓮總羞於掏出自己的名片。當大家紛紛詢問某位同學面試祕訣或請他安排聯誼活動時，她還會刻意暫時離開座位。雖然這樣的舉動很有可能是出於自卑心理，但其實是因為沒有任何人關心她的緣故。

原本以為自己一向認真過生活，瞬間卻因職場話題而被壓得喘不過氣。有段期間，她甚至非常痛恨朋友間互相比較所產生的違和感。自尊受損的她，便與大學同學漸行漸遠，也不斷考慮是否該趁早跳槽到大公司。

若要談年輕時最重要的人生課題，自然非工作與結婚莫屬。但計畫往往趕不上變化，看著年輕人失落地呆立在怎麼努力也不會敞開的就業市場大門前，有哪個長輩不心疼？更何況在這熱中以學歷、職業、任職公司判斷一個人的「名片社會」裡，人們自然高度渴望進入知名大企業。所以，我充分理解那些一心只想進大公司、延後多年才找工作，或者考慮轉職者的立場。

人生有上坡也有下坡，請活得像妳自己！

何不試著用更廣的角度去看待工作這件事呢？也就是說，不只將工作視為職業或職場，而是必須一輩子進行的活動。其實，人類有著做任何事都想成功的本能，即便這些事可能帶來痛苦，也不放棄盡力達成的欲望。所以從生到死，就算在世間只留下一顆小小石頭也甘願的，便是人類。

我很喜歡一部電影《愛的故事》（*Love Story*），其編劇艾立克・席格（Erich Segal），即便與病魔抗戰長達三十多年，仍然沒有放棄教學和寫作。對他來說，已不再期待身體病痛復原，而是昇華為「就算病情不斷惡化，也要勇敢活下去」的意志。病痛已成為他生命的一部分，一旦沒了病痛，恐怕反而會懷疑自己存在的價值。這樣的對象在精神分析學中稱為「自體與客體」（self-object，譯按：所謂「自體與客體」，可能是一張帥氣的自拍照、一紙漂亮的成績單，或朋友的一個微笑。當人們反覆端詳它，就彷彿從鏡子中看到一個完美的自己）。

美國精神分析師海因茨・科胡特（Heinz Kohut，自體心理學創始人，曾擔任美國精神分析協會會長、國際精神分析協會副會長）指出，人類原本就是能接受尊重與愛的對象，並且渴望擁有安全感與慰藉。就如同人類至死都必須仰賴食物維生，人們同樣需要能夠提供這些元素的對象。這樣的對象也可以是自我本身，但因難以與自我做區隔，所以稱之為「自體與客體」。

如果想要健康且穩定的自我成長，就必須擁有自體與客體。孩提時期，父母會扮演這個角色，但隨著年齡增長，自體與客體可以不一定是人格體；**只要能夠提供自己滿足感、支持自我，並且成為守護自我的安全網，使自己得以蛻變成堅強且完整的自我**（cohesive self），**那麼無論是理念、興趣、活動、職業，都可以是自體與客體的對象。**

「人生就像一個圓，有上坡也有下坡。我透過每天一點一滴的進步，找到人生的樂趣。」這句話出自國際知名的韓國芭蕾舞者姜秀珍。

看著她每一隻都腫得像大拇指的腳趾，那變形到堪稱驚悚的雙腳，不需多言，就足以證明她這一生多麼熱愛芭蕾。為了夢想，她忍受了多少痛楚，總是在腳傷未痊癒前，再度用那雙傷痕累累的腳，踩著優雅的步伐，跳出完美舞姿。究竟是什麼原因，讓她即使咬著牙撐過那些難忍的劇痛，也依然要卯足全力堅持跳舞？答案是，唯有在跳芭蕾舞時，才會令她感覺「活得像自己」。

一九七九年獲諾貝爾和平獎的德蕾莎修女（Mother Teresa），在印度加爾各答的貧民窟，致力解除貧困，對當地窮人及病患施以援手。我曾偶然看過一張拍攝她雙手的照片，就像乾枯的樹幹般滿布皺紋。透過那張照片，可以充分感受到她一生實踐的信念與苦惱。而又是什麼原因，使德蕾莎修女願意過著犧牲自己的人生？答案正是透過照顧他人，能夠為她帶來自體與客體的緣故。

拿掉職場，剩下的人生妳用什麼填滿？

如果把工作視為自體與客體，相信多少能使妳放下那些世俗既定的穩定工作或知名大企業等包袱。日劇《飛特族、買個家》（編按：飛特族，日本意指以兼職工作身分維持生計者）的男主角武誠治，一心想為遭受鄰居排擠的媽媽買一棟房子，但是因為工作難求，只好暫時在道路工地打零工。

其中令我至今仍印象深刻的一幕，就是武誠治對現場工人說，「工人是天職，也就是上帝交給你的工作。」接著又說：「看來我要趕緊去職業介紹所才行。」這句話背後其實隱含著「你們可以將這份工作當成職業，但我只是暫時來打工」的意思。

後來武誠治進了大企業，卻放棄安穩的職位，投身工程單位。一開始，他認為道路施工只是單純的體力活，但實際做過後才發現，原來為人們鋪設道路，是一件很有意義的事。

過去，在大學畢業後找到好公司一直工作到退休，是件稀鬆平常的事；但今非昔比，三十歲前能有份工作已經很幸運。如果不是當公務員，超過四十歲還得整天擔心公司會不會叫自己提前退休。即便想長期工作，也很難工作滿二十年，那麼**剩下的人生究竟該用什麼來填滿呢**？

到醫院找我的患者中，有些是面臨無預警裁員而罹患憂鬱症的中年男子，這些人都曾任職於人人稱羨的知名企業，工作時光說出自己在哪裡上班，就能抬頭挺胸面對社會，過著有尊嚴的日子。如今離職後，卻因找不到彰顯「自己」的說詞而痛苦萬分。

看著這些案例，不禁讓我重新思考，原來**職場生涯在人生這條漫漫旅途中，是多麼短**

暫。即便出於無奈突然被迫離職，只要能找到自體與客體，相信剩餘的大半人生絕對不至於恐慌或擔憂，不，應該說至少不會像現在一樣，出現九成離職者都決定開咖啡廳或炸雞店（編按：韓國因「名譽退職」制度，許多正值壯年的工作者，被迫提前退休，在領取退休金後選擇開立咖啡廳或炸雞店）。

在工作中找階級認同還是成就感？

儘管如此，有不少人目前最大的夢想依然是進大公司工作，畢竟大公司薪水、福利較好是不爭的事實。職業條件對於婚姻也有利，結婚時親友多半都會羨慕不已。但世上畢竟沒有白吃的午餐，公司如果願意付較高薪水，理由只有一個，就是要妳付出更多努力、創下更高績效。如果妳還抱著「我在大公司上班」的自豪感，但是每個週末都要加班，別說休假了，妳是否能接受這樣的事實呢？要是某一天公司突然惡性倒閉，又該怎麼辦？尤其在這個景氣低迷，大企業也會一夕之間關門的年代裡。

再者，即便妳在知名企業上班，永遠都會有人任職比妳更好的公司，那麼妳又會開始不滿意現在的公司。**無止境地比較下去，結果只會讓自己變得更悲慘，永遠不滿足**。

所以我想在此奉勸妳，不必因為沒有進到理想中的公司工作，就彷彿是世界末日。現在已經不再是靠一份好工作，就能幫妳解決所有問題的時代；比起在哪裡工作，現在能學到什麼才是更重要的事。

現居德國的韓籍考古學家，同時身兼小說家的許秀敬，曾在受訪時表示，「無論是在烈日下挖掘古物，還是坐在電腦桌前寫報告，兩者都一樣辛苦。唯一不同的地方在於，挖掘古物兩個月會瘦七公斤，寫作兩個月會胖七公斤罷了。」透過這段話我們可以明白，能夠自信說出「我在從事某件事情」的人，或許並非任職於知名企業的上班族，反而是那些**認真投入某個領域，努力克服所有挫折、艱難，闖出屬於自己一片天的人**。

女兒啊，大家都說景氣低迷還會持續好一陣子，當生活愈艱困，穩定的公司、優渥的薪資才是好工作的觀念，就愈根深柢固。然而當社會風氣愈傾向如此時，不妨退一步想想，人的一生比職場生活還要長很多，對於那些單純把工作視為向他人展示的階級標誌者而言，工作可能只是人生應盡的義務。但若將工作視為能夠幫助自己找到自體與客體關係的對象，則是難以取代的，長時間下來，自然會為妳帶來踏實的存在感與成就感，這便是人一輩子最可靠的寶貴資產。

04

不要害怕當個流淚的大人！

女兒啊，我們這一生會流下多少淚水呢？

我想，或許流淚的次數遠遠超過微笑的次數。畢竟「哭」是人類第一個使用的語言，每個人從媽媽肚子裡探出頭的那一瞬間，都會「哇」地一聲宣告來到這個世界。妳剛出生的那一刻應該哭得很慘吧？雖然我和所有母親一樣，很想聽聽妳呱呱墜地的哭聲，但事實上當時的我沒能完成這份心願。

一直認為應該要自然產的我，卻不被允許選擇這種方式，不曉得當時的妳在害怕什麼，不願意來到這個人世，我只好在經歷陣痛後選擇剖腹產。

但是奧地利心理學家及精神分析師奧圖．蘭克（Otto Rank）曾說，胎兒脫離母親子宮這件事，對每個胎兒來說都是第一次焦慮經驗，並且帶著創傷性，這就是為什麼每個嬰兒出生時都會啼哭的原因。除此之外，嬰兒不管是肚子餓、想睡覺、想抱抱，都會用哭的方式表達；對他們來說，哭就是喜怒哀樂的語言。

然而諷刺的是，當我們脫離嬰兒哭訴期，開始使用所謂「進化語言」之後，原本必要的哭泣反而不被允許了。大人們會警告小孩「愛哭的孩子會被虎姑婆抓走」；同學則會嘲笑「愛哭鬼是笨蛋」；甚至被威脅「男人至死只能掉三次淚（出生、父母去世、自己去世）」……當你能充分掌控哭泣或憤怒等情緒時，才被認定為長大了。因此，當我們年紀愈大，就愈吝於流淚。

微笑背後的焦慮世代

我的患者中有位敏宜小姐，過去的她即便感到孤單或悲傷，也不曾掉過一滴淚，但每次只要一到診間，就會哭到用完一整盒衛生紙也停不下來。原來年過三十的她，工作一直都是派遣職，因尚未找到正職工作而備感不安；最近又面臨悔婚問題，使她宛如沉浸在悲傷大海裡的落葉。

「一直以來都以結婚為目標交往的男人，竟然突然跟我說要悔婚……」終於開啟話題的她接著說：「我的人生是『不定時炸彈』，非正職的派遣工作，加上突然被悔婚，很有意思吧？」她的臉上露出自嘲式微笑，接著突然雙肩顫抖，埋頭痛哭起來。敏宜有憂鬱症的症狀，原因出在她的完美主義。除了會在筆記本寫下死前一定要去旅行的地點外，還詳述自己一定要在三十歲前結婚，三十五歲前生下兩個小孩等，依照年齡列出各項必須達成的人生進度表。結果，她被這些人生必須按照計畫走的強迫症折磨得苦不堪言，對她來說，人生若沒達成這些階段性任務，簡直是莫大恥辱。

德裔美籍心理學家卡倫·荷妮（Karen Horney，對基本焦慮研究貢獻良多，並提出理想化自我的心理學概念）將這樣的強迫症稱為「『應該』的專制」（tyranny of the shoulds），換句話說就是「如果不……就不可以」。患有「應該怎麼樣」症狀的患者，就像玩具小小兵一樣，唯有不斷前進才能讓自己好眠。敏宜現在正陷入極度焦慮：工作隨時可能不保，夢寐以求的婚姻一夕變成泡沫，等於瞬間失去了能夠支撐她繼續走下去的動力。

我也走過三十歲門檻，可以體會她的焦慮。但當時的我，有著緊握我雙手不放的妳，雖然那時妳不到兩歲，但不知哪來的力氣，握力十足。多虧當時有妳緊緊抓住，才能讓我順利度過三十歲門檻。要是當時沒有妳會如何呢？光想就覺得好可怕。然而敏宜只有一個人，她必須獨自跨越那條河，可以想見會是多麼無助。

看著敏宜不禁想起，妳的三十歲又是如何呢？對年輕人來說，三十歲或許是正式檢視妳「過去都做了些什麼？」的時刻。韓國詩人申賢林在即將邁入三十歲前，在日記裡寫道：「即將三十，我的二十代是否就要在挫折與徬徨中結束？拿不出任何成績單，時間卻不斷無情流逝，現在的心情就像喝毒藥般絕望。」字裡行間可以看出他當時的心情有多恐慌。

但是敏宜就連在得知男方決定悔婚後，也深怕父母難過擔心，連一滴眼淚都不敢流下。不論多麼寂寞悲傷都不允許自己哭泣的她，卻在我面前崩潰痛哭，彷彿一片凋落在冰冷土地上的落葉般悲傷。哭了好久好久，她才終於起身擦乾溼透的衣襟。如果以往的她能對自己設定的人生目標稍微放寬一點，**想哭時告訴自己哭也沒關係**，可能不至於弄到今天嚎啕大哭的局面。看到她這般模樣，的確令人非常心疼。

「長大後再也沒有像這樣痛快地放聲大哭了。看來以後偶爾還是要縱容自己想哭就哭一下才行。」聽她說完這番話，我默默地點了點頭。送她離開診療室後，看見她留下的那些擦過鼻涕和淚水的衛生紙，我想著，心情沉重卻又不敢像這樣痛快大哭的人何止敏宜呢？難怪焦慮的三十歲年輕世代會這樣說：臉上掛著笑容，心裡卻在淌血。

讓「哀悼的眼淚」療癒自己

眼淚是內在小孩所發出的疼痛訊號，雖然極度開心時也會喜極而泣，但難過時之所以流下更多的淚水是來自失去的傷痛。哀悼是我們對「失去」的心理反應，屬於健康的悲傷，與病態的悲傷並不同。

所謂哀悼，是指追憶已失去的某項事物以及自己當時所付出的努力，為了將失去的對象努力留駐心中的療癒過程。而我在此所說的「對象」，可以是愛人，也可以是如同敏宜所重視的價值或「理想自我」（ego ideal）。

人們在哀悼過程中，所有心思都會放在失去的對象而變得畏縮，然後會發現自己與現實有些脫節。例如當所愛的人突然過世，往往會顯得彷徨失措。像這種會讓自己腦袋一片空白、不知所措的哀悼，通常是為了重拾過去對哀悼對象所賦予的「原欲」（libido，或直譯「力比多」，人類一切的內在動力）。

原欲是人類的本能，也是生命的力量。這份強而有力的生命力會根據向內或向外的不同，分成「本我原欲」與「對象原欲」。簡單來說，原欲就是指「我只有妳！」「這個案子如果順利，就很有可能轉為正職。」「今年一定要和媽媽去泡溫泉。」等，針對這些對象所投入的願望以及強烈關注。而要消除這些原欲，往往無法靠正常的精神狀態，所以耗時許久。在這種時候，我們必須接納自己的淚水，因失去而流下的哀悼眼淚，絕對不要捨不得。

如果省略了這樣的哀悼過程，結果會怎樣？佛洛伊德（Sigmund Freud，被譽為「精神分析之父」）曾說，如果沒有充分進行哀悼，就會轉變成憂鬱症。人們常說憂鬱症是「心靈的感冒」，但我想補充的是，這其實也是「自我的感冒」。罹患「感冒」的自我會不斷地詆毀自己，不僅不會安慰陷入低潮的自己，還會因自責與愧疚感將自己批得一文不值。

自嘲自己的人生是「不定時炸彈」的敏宜，便是罹患了憂鬱症。值得慶幸的是，最後她透過哀悼的過程，成功逃脫了憂鬱的魔障。

她因為從不曾被人了解、安慰，所以始終不擅於表達內心情感。對她來說，情感這種東西一向不必在意或處理，過去將人生當作課表般安排的她，如今的**眼淚其實是她內心發出的訊號，拜託她回頭看看那壓抑已久的自己**。回想起來，當時的敏宜會如此不顧形象放聲大哭，或許也是在為她那平凡卻緊繃的二十世代哀悼吧。

給自己一段「懦弱」的時間

透過眼淚，敏宜終於將心中的失落感、憤怒感、無能感、自責感，以及過去好幾年來所隱藏的情感，重新做一番檢視。悔婚這件事在她人生中造成了莫大傷害，但這個傷害也成為她開始正視忽略已久內心的契機。正因如此她才能撫平傷口，送走過去的傷痛。所以三十歲的妳，**千萬別只顧著回想自己究竟達成了哪些事，不妨慰勉一下堅強熬過這段歲月的自己，並給自己一些哀悼時間**。在哀悼的過程中想哭就盡情哭吧，因為吝於流淚的人一定也對自己吝嗇。

對我來說，同樣有過幾段需要流下「哀悼眼淚」的日子，每到那些時刻我都會想起世界知名作家保羅．科爾賀（Paulo Coelho）在《像一條流動的河》（*Like the Flowing River*）一書中，所寫的內容：

不必假裝堅強，也不必證明所有東西都運轉如常。不論別人說什麼都不必在乎，想哭就哭個痛快吧，直到淚腺乾枯為止。

怕我擔心而故作堅強的女兒啊，我希望妳想哭時就好好哭一場吧！這樣一來，在大哭一場後，才能用暢快的心情與輕快的步伐，獲得繼續前進的力量。

05

兩人的幸福婚姻，伴著一個人的孤單

女兒啊，如今回想起來，其實當年的我並沒有一個明確的婚姻觀念。同樣是在懵懵懂懂的情況下，絲毫不曉得對於婚姻要有哪些評估條件，也全然不知婚後會面臨哪些壓力，只知道想與相愛的人永遠走下去，懷抱著天真浪漫的想法，自然而然踏入婚姻。

但現在的女性比當年的我聰明多了，前陣子來找我的一位患者，就用堅定的口吻對我說：「女人結了婚，人生就完了！從老公、婆家到小孩，我沒有信心可以犧牲自己過這樣的生活。」

看著一副好像已經結過婚而有感而發的她，我突然覺得，為什麼結婚這本龐大「百科全書」，她只讀了其中一小段就認定是婚姻的全貌呢？

即便是結婚超過三十年的我，也都還沒完全讀完六十、七十世代的婚姻。

婚姻四季——結合、生產、個體與死亡

女兒啊，我現在能告訴妳的是，結婚其實就像一年四季，有著春夏秋冬之分。對二十世代年輕人來說，婚姻是想要攜手一生；對於三、四十歲的人而言，婚姻是生產的概念，也就是生兒育女、準備房子、累積資產的時期。

至於五、六十歲時，婚姻則是同一個屋簷下的兩個個體，因為過去一直是以兩人為一體，到了五、六十歲就會想回到原本的自我，也就是互相尊重彼此的領域，開始希望保持心理層面上的距離。對七十、八十世代的人來說，婚姻則是思考及準備死亡的過程，到了那時，身邊的伴侶就成為無人能取代的善終夥伴，並且想著「要是我先走了，那他／她該怎麼辦」的問題。

簡言之，婚姻是二十世代的愛情、三十世代的生育、四十世代的生產、五十至六十世代的自我還原、七十至八十世代的死亡等，就像一個人在這人世間必須修的所有學分一樣。

結婚是藉由法律規範將兩個人綁在一起，在這險惡的世界裡成為相互扶持、活下去的基本團隊。我認為就社會學的角度，結婚就像「金庫」，在這百歲人生裡扮演圍籬的角色。即便父母離開人世，還會有另一半的陪伴，以及兒女目送自己的離去，這些都是維持人生強而有力的後盾。對我來說，也因為有妳的存在，不曉得讓我有多幸福、安心。

不過，現代女性多半並不認為婚姻是必要的，因為為了結婚這件事，必須犧牲或放棄非常多東西。有人說過：「延遲婚姻者，無異於戰場逃兵。」有趣的是，這句話同時傳遞出婚姻其實和戰爭一樣，極其辛苦。這也是為什麼曾在電視脫口秀節目中，一位中年演員會形容「結婚是同時與三十個人結」的緣故。

所謂結婚儀式，其實就是除了另一半，他的父母、親戚、朋友以及同事都會共襄盛舉的慶祝活動。這同時代表著，一旦結婚後妳會隨之衍生出這麼多的人際關係，尤其在這少子化時代，對於已習慣小規模關係網的女性來說，要突然適應這樣的生活並不是件容易的事。婚前光是自己都顧不好了，更何況婚後除了親家以外還要照顧到對方的親戚，自然會有極大的壓力。

因此，我並不會特別對不願承擔如此龐大壓力，或是無論經濟、心理、社會層面都非常獨立的女性，提出踏入婚姻的建議。當然，只要妳願意承擔這些負擔，決心與另一半白頭偕老，我絕對不會阻攔，因為無論結果如何，至少嘗試過了。

最好的條件，可能是最壞的伴侶

如果說有誰可能會左右妳的一生，我認為最重要的是父母，其次就是伴侶。雖然我們無權選擇自己的父母，卻有權選擇未來伴侶。然而並非每個人都是天生完美賢妻或丈夫，所以每個人都必須經歷從原石到寶石的淬鍊過程，但光是要找到一塊原石就很不容易了。

通常與經濟條件好的男人結婚時，人們會誇妳「結得好」，但其實能用錢解決的都不是問題。在人生中，能夠用錢解決的痛苦，可能都稱不上是痛苦。如果兩人感情很好，就算生活窮困也能共同克服而逐漸好轉，但是空有金錢是無法填補夫妻情感的。

大部分人都是被那些金錢不能解決的事情所擊垮，婚姻生活亦然。要是夫妻關係穩固，就不會因為那些容易使關係變質的因素而動搖；若從這樣的觀點看來，最佳伴侶就應該是無論有沒有錢、是否具有名聲地位，以及健康與否，都能永遠一同攜手共進的對象才是。

我經常看見有人即使婚前就覺得對方有問題，卻因伴侶的學歷、財力傑出，寧願睜隻眼閉隻眼地催眠自己：「婚後他應該就不會這樣了！」「時間久了應該就不會了。」「生小孩後，他應該就會改變吧。」容忍那些不該忍耐的摩擦。但這是非常危險的觀念，就連自己都很難立刻改變長年以來握筷子的方式了，又怎麼可能要求對方將累積三十年之久的思考模式說改就改呢？

最近一項針對離婚後的單身男女進行的問卷調查就顯示，關於「對前夫／前妻最失望的一點是什麼？」答案中以「看不見對方努力改變的身影」位居第一名。

所謂婚姻，其實就是在彼此相處的過程中，不斷努力成為對方的完美寶石。因此即便相遇時對方並不閃亮，但只要他仍願意為自己犧牲奉獻，一輩子可靠地陪伴身旁，就是絕佳伴侶。或許萬人迷深具魅力，但往往是最糟糕的丈夫人選；或明明已婚卻本能地知道自己依舊有吸引異性的魅力，這種男人同樣危險，因為他很容易一夕之間就將自己的太太視為雜草。

在兩人婚姻中，享受一個人的孤獨

女兒啊，一輩子的婚姻生活中，最有趣的莫過於，隨著年齡增長，即使同一個人也會讓妳覺得愈來愈不同。二十歲時喜歡另一半的行為，到了四十歲反而會覺得幼稚；而二十歲時根本看不上眼的小舉動，四十歲時反而覺得好有魅力。

我曾遇到一位透過相親結婚的女生，抱怨自己的老公就像小孩很不懂事。根據她的描述，丈夫雖然顧家，工作也很有能力，但在處理家中大小事以及婆媳糾紛上，卻像個稻草人一樣沒有任何作為，尤其對於飲食非常苛求。

她是直到年過五十才接受這樣的他，「我老公很挑嘴。婆婆獨自將兩男兩女拉拔長大，因此他從小沒有得到太多愛與關懷，以至於他唯一能吵鬧的地方似乎就是在飯桌上，而那樣的壞習慣也延續到今天。」

她站在對方的立場了解他的過去，試著以「其來有自」包容這樣的行為，從此不再覺得老公是幼稚不成熟的。

反觀三十歲出頭的徐真小姐，夫妻失和的主因是老公太愛在外玩樂，於是她決定離婚。原本有穩定工作的她，在老公要求下辭職，專心相夫教子。但他卻非常熱愛交際應酬，任何大小聚會都要參加，導致準時下班回家的日子屈指可數。

日子久了，徐真開始厭倦這樣的婚姻生活，「總覺得只有我一個人在努力，他每次嘴巴上都說以後會改進，但是一週有三天凌晨才回家，過了三年這樣的婚姻生活，我每天都感到很孤單。如果結婚只能帶給我寂寞，那倒不如離婚，我現在對他已經沒有任何期待了。原本我還不太能理解那些因為個性不合而離婚的夫妻，但現在的我正好就處於這樣的狀況。」

以前我擔任家庭法院家事部調解委員，看過無數對決心離婚的夫妻，雖然每對夫妻表面上各有不同離婚原因，但其實最終問題都出在「我想要和對方努力共度下半生」的信念已經動搖。雖然徐真的另一半確實過分，但是她也忽略了一件事實，那就是「即便結婚仍然會孤單」。

很多人以為結了婚後就是兩個人，一定不會感到孤單，所以往往在吵架後冷戰、工作繁忙而長久疏於溝通等過程中，感到孤單且難以承受。這是因為**我們很難接受自己明明不是單身，卻感到寂寞的事實**。

有些人可能會埋怨另一半，但就像即便結了婚「我依然是我的」道理一樣，我們無法因為結了婚就徹底擺脫寂寞。或許正是因為和心愛的人在一起，自己卻依然感到孤單而加倍憂傷吧。此時的孤單並非年輕時所享受的夢想性孤獨，而是像垂死的九十歲奶奶一樣的存在性孤獨（編按：每個人的存在都是孤獨，我們隻身來到這世界並且隻身離開）。我們得承認婚後所產生的寂寞情感，因為唯有懂得將出生時所感受到的孤單，視為人生標記，才不會讓他人感到辛苦。

電影《我的好野女友》（*Friends with Money*）中有四位好友，唯一單身的奧莉薇是一位清潔人員，在其他三位有著好工作、好老公的朋友面前，感到相當自卑。但其中一位朋友對她說：「其實，**我們並沒有因為結婚而解決所有問題**。」

是的，婚姻的時態永遠都是現在進行式。即便是維持婚姻狀態的當事者，也很難對婚姻做出定論。

一場華麗婚禮，不能保證未來幸福美滿；就算結婚初期經濟困窘，也不一定代表未來生活就會困苦艱辛。唯有真心接納彼此隨著歲月所改變的痕跡，以及時而學會與寂寞孤單相處，才能享有更幸福美滿的婚姻生活。

女兒啊，每次和妳講電話，我都一定會問：「有按時吃飯嗎？」

「當然有啊！」

「自己一個人也挺好的嘛！」

「當然，我又不是小孩子。」

是啊，妳都已經長大成人了，不曉得為什麼有時候我還是會忘記這個事實。妳和另一半因為工作相隔兩地，變得只能在週末相聚，但是妳自己一個人還是可以獨處得很好，我覺得妳很棒，尤其在很多女生害怕獨處的這個年代。不過如果哪天妳真的感到寂寞難耐，就打通電話給我吧，我還是會一如往常地對妳開開玩笑的。

06

不曾跌倒的人，不知如何從跌倒中站起

在人們常說的話語中，有一句話我非常討厭，那就是「做白工」。字面上的解釋是「做浪費時間的事」，無論是放著捷徑不走、走遠路，還是浪費時間在與結果完全無關的事上，都會用這句話形容。簡單來說，對於結果產出沒有任何幫助的事就是「白工」。

但是女兒啊，世上真的有「做白工」這回事嗎？我們可以因為有人做了風一吹就垮的沙雕，而說他是做白工嗎？

唯有親自做過沙雕的人，才知道沙與水的最佳比例，也才會知道如何降低失敗的風險，這就是經驗所教妳的真正知識。

對於經驗與資源嚴重不足，導致無法得到最好機會的年輕人來說，要是連這些做白工的經驗都沒有，又怎能累積人生的沉積層呢？

繞遠路的人生，最可能成功

有些人會認為「我們沒有時間走冤枉路，一旦做白工就會損失機會成本」，而將其視為一種損失的概念。這樣的反應稱為「損失趨避」（loss aversion），意指面對同樣的收益和損失，損失部分令人更難以接受。但是只因與短期結果毫無關係就馬上認定是做白工，這種觀念將阻礙妳未來的發展。

丹麥物理學家尼爾斯・波爾（Niels Bohr）說：「專家是在某個小領域裡犯過所有能犯的錯的人。」我非常認同這句話。

雖然，當下可能認為做白工對自己來說是一場損失，但是當這些經驗一點一滴累積起來，很有可能成為未來某個關鍵致勝點，或是成為發現自我的另一個契機。最重要的是，**對於尚未擁有任何一片天的年輕人來說，做白工是一定要經歷的神聖勞動**。如果妳不清楚自己究竟想做什麼，也不知道自己擅長什麼，當然要先什麼都嘗試看看，才會有答案，不是嗎？「這件事我比其他人厲害耶！」「雖然這個我不太會，但試試看應該會很有趣。」等，當經驗值開始不斷累積，選擇的路自然愈寬廣。

然而依舊堅持「要是沒做那些白工，我應該會更快就業、更早成功」的想法，否定繞遠路價值的人，其實是因為他們相信一定有能快速達成目標的路。當然，如果是針對寫報告、準備簡報，或者與人約定地點這些事，的確有其最快速有效的方法；**但對整個人生來說，絕對沒有可以適用於所有人的有效、正確解答**，只有為了達成各自目標，用自己的方式努力邁進，並從過程中自然汲取人生的祕訣罷了。

世上沒有任何一件事是無意義的

我小時候很喜歡做衣服，因為喜歡打毛線，所以織過圍巾、背心，甚至親自做過一套洋裝。做過針線活的人一定知道，一旦拿起針線就很難放下，因為一心只想完成。但自從進了醫學院，我再也沒時間做衣服了。不過我萬萬沒想到，當初累積的那些針線活實力，竟然會在日後派上用場。當我在醫院當實習生，第一次為患者縫合傷口時，竟意外得到他人稱讚，說我根本不像第一次縫線的人。

誰會知道小時候剪裁、穿針、縫線的經驗，長大後會用在為患者縫合傷口上呢？學生時期，單純覺得裁縫非常有趣而專心投入，萬萬沒想到在成為醫師後派上用場。

想當初我在做衣服時，媽媽就會跑來罵人：「妳怎麼在做那些沒用的事？有那些時間倒不如多讀點書！」

若我自己也認為「讀書都來不及了，不應該浪費時間做這些事」，而放棄這項興趣，那麼我第一次為患者縫線時就絕不可能得到這樣的稱讚。當時，我領悟到一項人生祕密，就是**世界上沒有任何事是無意義的**，現在看似做白工的事，將來未必一無所用。

英國國寶級時尚設計大師薇薇安．魏斯伍德（Vivienne Westwood），在三十歲那年，決定辭掉眾人羨慕的教師一職，選擇成為服裝設計師。因為從未學過任何美術與設計，身邊的人全都勸阻她別走冤枉路，但如今她已榮獲英國女王所賜的大英帝國勳章（Order of the British Empire），成為時尚界翹楚。

在此，我想表達的重點並不是因為薇薇安．魏斯伍德在全球聲望顯赫，以結果推論當初她的選擇正確。今天假設她沒能在時尚圈闖出名堂，而不得不回去當個老師，這些設計師經驗對她的人生來說，仍舊會是無價之寶。因為她做了一生夢寐以求的事，在那樣的過程中，她比任何人還要快樂。

如果當初她只是空想而沒有付諸行動，整天擔心自己放棄了穩定的教職，萬一轉換跑道失敗了怎麼辦，相信她絕對不會有現在的成就。

失誤次數愈多，人生後悔機率愈少

年過四十才成為小說家、留下超過一百部作品的韓國知名作家朴婉緒女士，曾說過這樣一句話：「人生只是過程的延續，並無結局。」朴婉緒將人生比喻為登山，路途遙遠而艱辛，但攻頂那一剎那的喜悅卻是非常短暫的。所以，如果人生就像登山，那麼何不在攀爬的過程中找尋一些幸福呢？

其實，當朴婉緒腸枯思竭時，她比守衛國土邊境的軍人還要堅忍地持續寫作。要是當初她沒有享受那些過程，就絕不可能熬過那些艱苦時刻。因此，或許在我們的刻板印象，做白工就是這裡、那裡，四處挖坑洞，到最後一無所獲而放棄，但其實在過程本身，就隱藏了某種目的。

只不過我們都不喜歡看似無用的事，認為無論工作或興趣，只要付出努力就一定要得到回報，因此不太敢貿然挑戰一時興起的念頭。在幾十年前，「無畏的青春」這種說法都還能被接受，認為挑戰、冒險是年輕人的專利，但現在大家卻認為那樣的觀念已過時。現在這個社會是A計畫一旦失敗，B計畫也沒有嘗試的機會，也因此，人們認為選擇失敗風險較低，甚至已被其他人驗證過的路才安全。

嘗試自己想做的事這種經驗，或許對求職不會有立即幫助，但是只要試過，那顆經驗的種子就有可能在很久以後的四、五十歲開花結果。在終身就業觀念已消失殆盡的現在，我經常面對四十歲不到就在煩惱失業的人們，他們大多苦於失業後不知該做什麼才好。要是他們年輕時曾絞盡腦汁思考，要將哪一顆種子種在哪一處，或至少試著去挖那些沒有結果、預留下能夠種一小顆種子的坑，那麼現在怎會如此不安呢？即便中年突然失業，手中是否還有開啟人生第二春的種子呢？至少還能藉此機會說：「從今以後，我想做些自己真正喜歡的事。」

日本精神科醫師齊藤茂太曾說：「跌倒愈多次的人，愈容易爬起來；反之，**如果只想學習不跌倒的方法，最終反而不知道要如何從跌倒中站起。**」

做白工所帶來的最大損失是什麼？從不曾灌溉農作物的人，不會知道如何拿鐽子。挖坑的收穫是一種經驗，經驗會決定一個人的能力與格局。所以如果一心只想快速達成，很可能即便身旁就有一台挖土機，也不知道如何挖出一個坑。更何況，年過四、五十歲以後，固守的事情也會愈來愈多，就更難想做什麼就做什麼了。

法國小說家阿納托爾．法郎士（Anatole France）也說：「與其徒具聰明表象，我寧願因熱情而犯錯。」這句話確實有其道理。**嘗試愈多，犯錯次數可能愈多，但是人生後悔的機率卻相對愈少**。所以女兒啊，不用擔心，盡情去挖坑，用那些挖出來的土，滋潤妳的人生土壤，使它成為一片沃土吧！

07

人生的無力，不是來自不完美的父母

還記得有一次妳問我，為什麼要對唯一的女兒那麼嚴格？事後回想，的確，我一直都不是個溫柔的母親。遠在異地求學的妳，只要打電話回來向我抱怨訴苦，我就會回答：「如果老是煩惱那些有的沒的、浪費時間的話，現在就立刻給我回來。」當妳看著那些在美國的朋友們拿著媽媽的信用卡瘋狂購物，而妳打通電話跟我說想買件風衣，卻被我以「學生穿什麼風衣？又不是走秀！」為由斷然拒絕，在我這從不輕易買東西給女兒的媽媽底下，相信妳也流了不少眼淚。

如果現在要我回答當初妳所問的問題，我會說：「因為我希望妳必須以自己為主體，而非以我女兒的身分過妳的人生。」人在成長過程中，適度的挫折就像維他命，能夠鍛鍊一個人的意志力，有效幫助個人發展成獨立的自我。但身為獨生女的妳，一直都很習慣大家對妳無條件的愛與支持，所以這也讓我擔心，妳的心理是否同樣相對脆弱呢？

在我小時候，很少有獨享眾人寵愛於一身的獨生子女，大部分都有好幾個兄弟姊妹。我自己也是和六個兄弟姊妹一起長大的，所以有些孩子難免會離開父母的視線範圍，想做的事都得靠自己完成；後來我才了解，原來那樣的環境對於培養孩子的獨立是非常有幫助的。

坦白說，我也一度擔心沒有兄弟姊妹的妳，會不會發展成以自我為中心、目中無人的人？每天擔心要是我也不自覺地對妳過度保護怎麼辦？時時刻刻都在該對妳放任還是約束的決定間掙扎，也正是這些時刻，讓我明白原來為人父母真的不簡單啊！

我能說是自己把妳教養得很好嗎？不，應該說是妳把自己照顧得很好。在尚未準備好的情況下，我們成了妳的父母，養育妳的過程中，真的發生了好多事。在經歷過無數次的失誤與犯錯後，我才突然明白自己原來是多麼不足的一個人。

父母能給子女最好的禮物是……

即便年紀大了，仍然不擅長許多事，有時會犯錯，有時也會浮現一些卑鄙的想法，這就是所有父母的真實面貌。但孩子眼中的父母卻不是這樣的，因為唯有父母，才能為小時候什麼事都無法獨力做到的自己，完成所有生活所需的大小事。所以假如爸爸對孩子說，會為他們摘下天上的星星，孩子也會天真地信以為真；這也是為什麼在孩子心中，尤其是年幼時期，父母的形象是如此完美而崇高。

鐘善先生也是如此，二十八歲的他，人高馬大，外表俊秀，但不知從何時開始，他在家人眼中，從期望寄託變成問題孩子。患了憂鬱症的他，在父母陪同下來到醫院。不曉得是否因為就診醫院是父母挑選的緣故，他始終不肯開口說話，使得治療進度一度停滯不前。

直到有一天，他終於開口說話了，「我從讀大學、醫學研究所，甚至是洗髮精到牛仔褲，統統都是爸媽幫我安排選擇的。我一定要聽他們的話才不會被罵，所以只好一直乖乖照著他們的安排去做，簡單來說根本就是個『無腦人』。但我不明白為什麼他們現在突然認為我有問題，可能是他們覺得我不能適應研究所的生活，但我真的受夠了。無論是在我面前擺出威權的爸爸，還是研究所同學，我全都不喜歡。」

原來鐘善痛苦的原因在於，想要超越父母巨人般優秀的存在，卻苦無對策。在會計界成就不凡的父親，過去在困苦環境中白手起家，對他一貫採取權威及高壓的管教方式，從不放過態度消極的兒子。而面對每次見面就要責罵、體罰自己的父親，鐘善只有心生畏懼。「對我爸來說，『做不到』是不能容忍的事。爸爸出身貧寒，從小讀書全是靠獎學金，完全不靠任何人，用自己的力量獲得成功。所以，他的字典裡根本沒有『做不到』這個字。」

存在主義哲學大師、法國作家尚－保羅．沙特（Jean-Paul Sartre）說過這麼一句話：

「父親能給兒子最好的禮物便是死亡。」當年幼的孩子難以對抗村裡拳頭凶狠的大哥哥時，就會學著以服從取代憤怒。如果沒有贏的勝算，即使有些委屈，也會直接採取服從策略。

同樣道理，在強勢父母底下成長的子女，他們所採取的生存方式通常也以對自己有利為主，而非正面衝突或協議。所以，我們可以發現世界許多知名成功人士的父親往往是人生失敗者，這才使得子女被迫在艱苦困境下，練就一身成功人士所須具備的特質，得以成就他們今天的地位。

停止埋怨，行使設計人生主控權

正因為鐘善抱持著很高的自我期望，希望能成為父母引以為傲的兒子，所以他的挫折感也很大。但其實他內心還隱藏著對父親的憤怒，那個總是輕蔑自己、瞧不起自己的父親。那些遭受父親羞辱的記憶，令他痛苦萬分，所以他一直渴望父親可以對他說聲抱歉，因為他認為那些傷口來自父親，理應由父親來撫平。

但就像先前所提，父母並不完美，也會把過去從上一代父母身上無法獲得的滿足，轉移要求到下一代子女身上，並將上一代父母帶給他的傷痛，以愛之名再要求子女。所以對鐘善來說，最重要的是要認同並接受父母並非巨人、也並不完美的事實，如今才抱怨都是父母害自己變成一無是處的人，只會讓他心裡的傷口更深罷了。

換個角度來說，鐘善之所以感到父母的陰影如此巨大，問題在於還沒找到自己該走的路。已經成人的他，即便過去都依照雙親安排過生活，但現在的他已充分擁有**設計自己人生的主控權**，卻仍將今天的所有不幸統統歸咎於父母，這或許也意味著他並不想對自己的人生負責。對鐘善來說，他需要的並不是到底該不該繼續讀研究所，而是**找出「是否有自己真正渴望的道路？」「活出自己的人生究竟是什麼意涵？」的答案**。

於是我清楚地告訴他：「現在的你，已經不適合將所有過錯都賴在父母頭上，你心裡的無力感並非來自父母，而是來自對自己的不確定感。你真正要打敗的對象不是父母，而是還在鬧脾氣、不成熟的自己。而你該做的事則是**更了解自己**，更深入地在自己所犯的錯誤中，找回自我主體的定位。」

家庭是一片土壤，滋養著家中每個成員，使其成為成熟的人。小孩會將父母的愛化作動力，成長茁壯，並在未來某個時間點離開父母，走自己的路，也就是所謂的長大成人。當然，在這充滿不確定與危險的世界，要一個人決定所有大小事並負起責任，不是一件簡單的事；有時會被刺扎傷，有時會迷失方向。但是無論多麼辛苦，只要留得青山在，不怕沒柴燒。所以以後別再埋怨父母了，相信自己，不是「我好遜、我好弱」，而是「只是還沒嘗試」罷了，腳踏實地向前邁進，就絕對沒有問題。

08

看向未來的目光，千萬不可以變得冷漠

聽說日本前陣子很流行「さとり」（satori）這個字，不曉得妳是否也有聽說。さとり在日文裡，有「看破、領悟」的意思，也是指一九八〇年代末出生，約莫二十世代的這群人（編按：其中尤以一九九〇年代出生的年輕人會被歸納其中），他們對於出國旅行、名車、名牌等沒有太大興趣，對金錢與聲望也沒有非常大的欲望。也就是說，這群人只想賺取可以維持基本生活的收入，不會想多賺任何一毛錢。

一位日本東大學生在《朝日新聞》訪談中所說的話，讓我印象非常深刻，「在國內也能吃得到異國料理，透過網路也能看到海外風光，所以我認為不一定要去國外旅行，索性連護照都不去申請了。」

像這樣不執著於經濟、物質豐裕，只滿足於當下現況的「達觀世代」（さとり世代，或譯為「淡泊世代」），看似在實踐「無所有」（意指不需要的便不要去擁有）精神的健康青年，但其實並非如此。這些年輕人的最大問題是「不去做夢」。達觀世代是在日本經濟泡沫化後，長期不景氣下成長的孩子，所以即使有夢想或目標，他們也已心知肚明不會有任何實現的保證。因為看不見未來，所以乾脆不懷抱任何期待。

在這變化快速的社會，過去的東西很容易就變得無用，再加上流行或技術的發展極為迅速，除了跟不上，也很容易被別人追趕上。此外，隨著對未來的不確定感逐漸擴大，也愈來愈難光靠個人的努力與意志力決定未來。

人們處於無論再怎麼努力，也無法達成任何目標的現實中，備感絕望與無奈，並將眼前的逆境或困境，視為不論如何努力都無法克服的障礙。達觀世代的危險性就在此，**表面上營造出對現況知足的灑脫態度，其實卻以放棄未來為代價**。

青春之所以閃亮，是因實現夢想的態度

韓國年輕人所處的現實困境其實與日本相似，不然就不會將二十世代年輕人稱為「三棄世代」（放棄戀愛、結婚、生產）了。但在韓國小說家金英夏的《益智遊戲》（暫譯）裡，出現一段二十世代的抗辯內容：

我們是有史以來讀最多書、最聰明、語文能力最好，也是最能將尖端技術產品像玩樂高玩具一樣輕鬆把玩的世代，不是嗎？

幾乎所有人都是大學畢業，多益（TOEIC）成績也是世界最高水準，即便沒有字幕也能看得懂好萊塢動作片，打字每分鐘三百字，平均身高都很高，每個人都會一項樂器，對了，你不是也會彈鋼琴嗎？閱讀量比我們上一代還多。在我們父母那一代，只要有一項技能，不對，只要能力和大家平起平坐，就能養活一家人一輩子，但是為什麼現在我們都閒著沒事？為什麼都成了失業人士？我們究竟做錯了什麼？

我敢說，現在的情況並非二十世代年輕人的問題。若真要究責，也應歸咎於世界整體經濟蕭條剛好掃到韓國，而這些人偏偏住在韓國罷了。但上一代的父母依然灌輸子女「只要努力，任何人都能成功；失敗是來自於不夠努力」的觀念，導致那些沒能擠進針縫大小般就業市場的年輕人，自認為是無用的存在，陷入束手無策的自責、挫折與無力感中。

他們表面上裝作若無其事，反而用「試了又有什麼用？想也知道一定不會成功」的話語，嘲諷所有事物都很無聊。那是一種為了保護一無是處的自己所啟動的防禦裝置，而採取了冷漠消極的態度。

女兒啊，人們之所以覺得年輕人閃閃發亮，其實並非單單因為他們年輕，而是因為他們

即便一無所有，也依然懷有夢想；而且為了實現那份夢想，其努力不懈的態度，令人動容。但是看到那些嘴上不斷說著：「反正不可能成功，何必做夢？」的消極年輕人，恐怕日後他們的失落感只會更為強烈。這些人永遠不會知道的事實是——勇於突破困境堅忍不拔的人，這輩子都在不斷跨出他的那一步；而用冷漠消極武裝自己的人，一輩子都只會在原地打轉。

日子再久仍什麼都不願嘗試，成為一個什麼事都做不成的廢人。所以無論多麼辛苦，千萬不能成為消極的人，因為消極會將妳推向懸崖，成為親手毀滅自己的元凶。

妳現在為了什麼而活？

一位曾活在極端環境的男子——維克多．法蘭克（Viktor E. Frankl），身為精神科醫師及猶太人的他，在一九四二年被關進奧斯威辛集中營，他的妻兒、父母無一倖免。納粹將他的家人全部拆散，使他根本無從得知家人生死。在那樣的情況下，每天還得忍受刀割般的酷寒，以一小塊麵包、一碗湯延續著生命，並強制勞動。集中營的生活簡直慘絕人寰，恐懼、不安、髒亂、飢餓、嚴寒，最難受的是，不知道自己下一分鐘還能不能活著的恐懼。有人活活餓死，有人死於傳染病，有人被活活打死，有人則被送進煤氣室，再也沒有回來。

集中營裡的俘虜被關久了常神智不清，如果有囚犯斷了氣，人們就會擠到屍骨未寒的大體旁，爭搶死者吃剩的骯髒馬鈴薯、拔掉他的鞋、脫掉他的外套，甚至因為搶到一條鞋帶而開心不已。赤裸裸地顯露野獸般的本性，場面凌亂失控。人間還有什麼比這更絕望的煉獄呢？儘管隨時有可能被拖進煤氣室，但當時的法蘭克仍讓自己以一個「準死者」的角色，經歷人類最煎熬的試煉，並領悟到**人永遠不會被剝奪的最終自由，便是無論身在何處，自己都有權選擇用何種態度面對**。

我們很有可能必須面對各種非己所願的狀況，例如突然因為一場車禍而失去身體某個部分；也可能驟失最摯愛的人……而我們無力改變那些情況，就像法蘭克突然被強擄去當工人一樣，無法改變自己的處境。但是如何接受那樣的處境是每個人的自由，就算很不幸地因為交通事故而失去一條腿，那麼究竟是要慶幸自己還活著，努力開啟第二人生？還是會覺得自己少了一條腿，人生也跟著完了而自暴自棄？選擇權都掌握在自己手裡。

此外，法蘭克也說過，**人類只要清楚知道自己究竟為何而活，就能戰勝任何困厄**。事實上，集中營裡那些找不到自己人生意義的人，較容易放棄活下去的意志；而能夠存活到最後的，大部分也的確都有活下去的充分理由。

現在的妳也深陷絕望中嗎？覺得自己做不了任何事嗎？每個人都有可能陷入絕望，但究竟要沉溺滅頂，還是擺脫絕望重新尋找希望，都取決於妳自己。

法蘭克從集中營出來後，終於得知家人訊息，很不幸的是所有家人都已罹難，他的世界只剩下獨自一人。雖然一開始得知不幸消息時，他承受了極度的絕望與痛苦，但他並沒有在絕望中沉溺太久。他將失去家人的悲痛暫時拋諸腦後，將在奧斯威辛集中營三年的所見、所聞、所感，寫成《活出意義來》（*Man's Search for Meaning*）一書，並創立「意義治療法」（Logotherapy，編按：其重點為「人存在的意義」以及「人對此存在意義的追尋上」）理論，對精神分析學的發展有非常大的貢獻。

相信體內本有的心理復原力

其實，如果說人生是一連串逆境與痛苦的組合也不為過，但是透過法蘭克的實際案例讓我們知道，**人類具有克服任何困難的能力，心理學家將這樣的能力稱為「心理復原力」**。

所謂心理復原力，就是將人生的苦難化作躍進的支持力量。簡單來說便是將失敗化作成功的原動力，就像將皮球愈用力地丟向地面，它就彈得愈高，心理復原力就像皮球反彈的概念。面對逆境時，這股力量不會讓妳掉入絕望深淵，反而會促使自己更加成長。

妳有沒有聽過美國摩西奶奶（Grandma Moses）的故事？她是一位畫家，七十六歲才開始畫畫，直到一〇一歲逝世前才放下畫筆。一九四九年，杜魯門（Harry S. Truman）總統頒給她「女性全國新聞俱樂部獎」（Women's National Press Club Award）；一九六〇年，當時的紐約州州長納爾遜・洛克斐勒（Nelson Aldrich Rockefeller），甚至將她的百歲生日訂為「摩西奶奶日」。

她原只是一名平凡村婦，經營一間小小的農場，撫育十名子女。但是她歷經失去五名子女的痛，為了克服這些人生惡夢，摩西奶奶選擇用刺繡撫平心中傷痛。後來到了再也無法刺繡的年紀時，她選擇拾起畫筆。在一次機緣下，有位收藏家買走了一幅掛在鄉下小雜貨店裡的摩西奶奶畫作；隔年，一位美術策展人奧托・凱勒（Otto Kallir）將奶奶的畫掛進紐約一家美術館，人們開始關注摩西奶奶的畫作，她的作品從此聲名遠播。

摩西奶奶的人生同樣經歷了無數波折，依舊選擇勇往直前。為了克服人生苦難，她的選擇也徹底改變自己一生。要是當初沒有經歷白髮人送黑髮人的喪子之痛，她是否還會作畫呢？可能一輩子忙著享受養兒育女的樂趣當中，根本沒空畫畫。

俄國文豪托爾斯泰（Leo Tolstoy）曾說：「人類往往因為小問題而失去重心；反之，大問題則會引領人們進入靈魂的世界。」當然，如果每天都只發生好事是再好不過，但人生中的不幸終究難免，人們卻很容易因為這些壞消息而陷入絕望。所以女兒啊，如果日子過累了、走乏了，一定要記得，妳的**身體裡有著能夠克服這些負面情緒的力量**，**請妳相信自己！**當「冷漠」想要牽住妳的手時，希望妳能狠狠甩開它。即便辛苦也要懂得接受那些人生考驗，只要過了這關，世界一定會站在妳這邊的，放心吧。

Chapter 2

放棄追求一百分的完美人生，更快樂
——關於愛與獨處

人在死前最後悔的往往不是曾經失敗，
而是那些自己想做卻沒能嘗試的事。

09

不要因為「完美」，錯失路程中的風景

金副主任今天依舊兩眼放空，盯著電腦螢幕上不斷閃爍的滑鼠游標，組長吩咐他要交出一份新產品的行銷企畫案，已過了四天還是零進度狀態。眼看明天就要開會討論了，卻想不出任何讓人眼睛為之一亮的點子。「怎麼辦？至少要寫出一點東西才行啊！」握著滑鼠的手已焦慮到滿是手汗，但電腦螢幕上的滑鼠卻是游向「本日熱門關鍵字」。

得到相同工作指示的鄭副主任，正在認真準備簡報資料。但金副主任心裡卻暗自不屑鄭副主任，因為鄭副主任做事總是粗心大意，即使每次認真做出報告，也是漏洞百出，常被組長訓斥。

金副主任認為：「與其做成那樣，還不如別做。」最後，他在隔天早晨會議前十分鐘才交出報告資料。其實這次會議的主要目的在於，為了擬定行銷企畫案而請大家先蒐集各種相關資料，但是金副主任因一如往常地堅持產出一份完美簡報，反而沒能找出那些最需花時間蒐集的市場調查資料，所以最後他在會中還是被長官訓斥一頓：「你前幾天到底都在做些什麼？竟然做出這麼爛的報告！」

別把人生當成一條筆直的道路

心理學用語中，有個詞叫「拖延症」（morbid procrastination）。相信很多人都有這種毛病：明明隔天就要考試，今天卻還在整理書桌、不念書；截止日就在眼前，卻還在逛網站消耗時間。這樣的拖延行為很正常，往往出現在對於做出某項決定或某件事感到焦慮或壓力時。有些人還會因為拖延症狀太嚴重，影響日常生活。這些人常會成為別人眼中的懶惰鬼，但其實他們內心充滿了壓力與焦慮感。

這些人往往是完美主義者，他們害怕失敗，不容許自己出任何差錯，導致許多想法僅止於空想，必須花費很長時間才能將想法付諸行動。因深怕最終無法完美呈現的恐懼與擔憂，讓他們常會放大眼前的課題或任務。人類原有迴避或忽略壓力的本能，所以完美主義者每次只要接到任務，就會不斷做其他事或是拖延，甚至睡覺來逃避現實。當然，想把事情做好並不是壞事，但是當過度完美主義時，只會覺得自己總被壓得死死的，人生變得痛苦不堪。

根據哈佛大學心理學教授塔爾・班夏哈（Tal Ben-Shahar）的說法，**完美主義者會將人生**

這趟旅程想像成一條筆直道路，只將焦點放在最終結果，不懂得在朝目標前進的過程中享受樂趣，因此往往負面看待所遭遇的狀況，認為所有事情非黑即白，小小失誤也會被認定為失敗。對失敗的極度恐懼，使他們不敢嘗試新挑戰與新冒險。所以與其去嘗試某件事，他們會選擇先將事情擱著，並以此為由放任自己懶散。

完美主義者認為，自己只是還沒開始做，一旦做了一定會做出比別人更好的成果，加上為了達到完美結果，會不斷重複準備動作，最終則是落得什麼都還沒能正式開始，自己已經筋疲力盡的下場。最後就算達成自己心目中的理想結果，也無法享受成功的喜悅。

簡單來說，完美主義者是不幸福的，根據一項調查顯示，完美主義者的死亡風險比一般人高出五一%。

原本想端出完美作品，最後卻只拿出糟糕的作品，這該如何解釋？無法容忍失誤與缺點的人，往往是因為小時候被父母過度要求，這些人大多是在成就導向的父母管教下成長，只有當自己完美達成某件事時，才會得到愛與認可；若沒能得到父母的愛，就是因為自己做錯事或沒做好。

這些人會不知不覺養成一套信念：若要持續得到不變的愛，就要把每一件事都做到好。尤其現代社會不斷鼓吹年輕人要做頂尖人才，絕不可犯錯；但完美主義者如夸父追日，最終會落入「失敗者」的下場。

成功來自於無價的失敗

然而，世上是否有零失敗的成功呢？好比嬰兒學會走路前，會經歷無數次跌倒；學會清楚表達前，也要經過牙牙學語的階段；累積無數次失敗經驗，才會帶來成功的機會。

史上最偉大棒球選手貝比．魯斯（Babe Ruth），在三十年棒球生涯中，敲出了創紀錄的七百一十四支全壘打，也是三振出局最多的紀錄保持人；被選為最佳籃球員的麥可．喬丹（Michael Jordan）也曾投出九千次以上的失誤，在將近三百場比賽中落敗；發明王愛迪生也是經歷無數次失敗後才成功，曾有人說他為了發明一項產品，經歷過一萬次失敗的事實，他答道：「我不是失敗，而是成功發現一萬種無效的方法。」

當某人成功時，常被歸因於聰明或天分，但對成功者來說，**成功不過是在無數次經驗中，找出一項正確方法罷了**。他們熱中實驗並且不停挑戰下一關，雖然經歷種種失敗，依然相信所有挫折都能克服，並且充滿自信。因為他們明白，其實失敗根本不算什麼。

世界第八位成功攀登十六座八千公尺以上高峰的亞洲人、韓國登山家嚴弘吉，在他三十八次的登峰紀錄中，只有二十次成功。在登山過程中，他曾目睹同伴死亡，也曾與死神擦身而過；但他仍舊朝山頂邁進，不是因為他戰勝了恐懼，而是因為他接受恐懼本身。「人們重視的是我成功登頂二十次的紀錄，但我重視的是過程中所經歷的種種失敗；人們重視的是締造紀錄的嚴弘吉，但我重視的是與我一同登頂不幸罹難的同伴；人們重視的是我與聖母峰的對決，但我重視的是與自我的對決，因為**戰勝自己才是真正的成功**。」

從「一點」「小目標」慢慢擴大

失敗沒有什麼，失敗愈多，成功機率便愈高，因為他們同樣得到了那麼多經驗。與其追求完美，更應努力累積各種經驗；與其不斷空想，不如起身行動，不論結果好壞，那都是做了之後的事。

某位大學美術老師曾出過一項作業，要學生一次繳交一百個草圖，因為比起苦心創造一張畫作，從隨意畫出的一百張畫作中，挑出好作品的機率更高。忍受未完成的狀態也是我們應該練習的，一旦養成了先開始再說的行為習慣，之後再盡力修飾到完美，相對來說會更加容易。

當我們面臨困難時，一定會感受到壓力，但完美主義者往往會把問題用放大鏡檢視，將自己壓得快要窒息。明明是同一盤披薩，他們不會看見可以切分成八片，眼中只看見那一大盤，並擔心著：「這麼大一盤，我怎麼吃得完？」

要是能將大問題分解成小問題，心理負擔會不會比較輕呢？就像要解完一整本習題，如果叫學生先答完偶數題，會感覺更容易下手一樣。無論多麼複雜困難的事，只要將它分成好幾個自己能夠承受的等分，一項一項處理即可。當累積許多達成小目標的經驗後，轉眼間妳就會發現自己已經抵達最終目的地。

有位上了年紀才開始學畫的畫家，無論一整天多麼疲勞，他仍堅持要在畫板上至少畫一個點才能入睡，後來他述說自己能夠不斷推出新作品的祕訣，就是靠他每天的那一點累積出來的。聽了這句話，讓我想到我們的人生也是如此，藉由一天一天的累積，才能完成人生這張畫作。在這幅畫裡，除了有開心、成功、希望的色彩，也充滿著痛苦、失敗、挫折的顏色。但是從遠處觀看這幅畫時，妳會發現所有顏色都很協調地融合在一起。

女兒啊，雖然什麼事都不做就不會失敗，但也不會成功的。而且**人在死前最後悔的往往不是曾經失敗，而是那些自己想做卻沒能嘗試的事**。所以，希望妳不要自我設限太多，什麼事都先去試了再說吧！就當作是為了日後不讓自己留下太多後悔，所以更該將人生這幅畫多添一些不同的色彩，妳說是不是呢？

10

世上最傻的人——將工作視為義務

轉眼間，妳在美國工作已三年多，坦白講，當初我對於妳是否能適應無止境的職場競爭有些存疑，因為在這即便硬幹苦撐也不見得能成功的社會裡，妳總是對我說自己沒有太大企圖心，只想專心盡力於每一個當下，享受人生。

不過，最後看來人生真的沒有什麼事是一定的，當聽到妳說原本滿心期待的升遷沒能實現時，還想說妳是否遇到了瓶頸，沒想到妳卻將那件事化為契機，決心從此以後要落實自我學習。

據說工作三年就會進入職場過度期，因為工作已經上手，漸漸出現許多例行性事務，同時夾在晚輩與前輩之間，面對許多左右兩難的局面，這時會開始真正思考這條路究竟適不適合自己？

這段時期可稱為「職場青春期症候群」，有人打算離職出國讀書、轉換跑道考證照，有人則率性辭掉工作出國來一趟小旅行。

為了整理出想對妳說的話，我做了一番自我回顧，赫然發現原來自己已經工作了三十三年。我曾因為太過投入治療工作而忘記時間流逝，也有過不想做但礙於主管要求而不得不做的情況。有時會覺得累、想休息，但這麼多年來，我從未動過離職的念頭，雖然妳說這樣很了不起，可是畢竟我還沒撐到退休的年紀，所以其實稱不上什麼厲害的事。不過，身為職場前輩的我，還是有幾件事想提醒妳。

給自己一段思考、準備的時間

之前有位高材生來找我，他曾以替代役身分在一家公司服務，據他說該公司主管動不動就會對他飆髒話謾罵。從小到大，他從不曾做出需要被辱罵的事，經常聽到的都是別人的誇讚，自然覺得在那裡工作有如人間煉獄般折磨，卻必須每天忍耐苦撐。他說要不是因為替代役身分，他早就離開那家公司了。

但是，當他大學畢業、正式進入職場後才發現，原來職場上形形色色的主管都有，當其他同事都過得非常痛苦時，他反而不覺得有任何問題。因為，曾與滿口髒話的主管共事過的他，已經抓到如何用不同方法對應不同主管的要領。他說自己從沒想過，之前逼不得已待在那家公司的三年，竟會成為日後職場生活的良藥。

工作愈久就愈了解，其實無論在哪一個職場環境，都會有與自己不和的長官或同事，即使辭職換新工作，一樣會面臨相同的問題。因此，如果妳遇到處不來的主管或同事而感到困擾，我會建議先忍耐。忍耐久了就會知道，自己究竟是否真的與他不和，還是只要調整應對方式就可以解決，於是妳也會自然得出究竟是否該離職的答案。當然，要妳忍耐這句話本身可能就造成妳的痛苦，但我真心認為，無論是心情陷入低潮、還是在適應工作的過程中遇到瓶頸，都必須給自己一段這樣的思考時間。

然而，究竟是否有所謂的「天職」呢？如果有人說他找到了一份天職，那麼絕對不是因為他比別人有遠見或好運，更有可能是由於他很能撐過無聊漫長的時間。每個人都想做有趣的工作，而別人的工作看起來似乎都很有趣，自己的工作永遠是最無聊的。但其實，**不論做什麼工作，若想從中得到樂趣，就必須步上軌道到某種程度之後，才能有所體會**。就好比剛學樂器時，基礎練習總是枯燥乏味又辛苦，但是只要過了某個門檻，就能自由自在地掌控樂器，享受演奏的樂趣。

像這樣修練基本功的過程，我們稱之為「準備就緒」（readiness），意指為了讓學習有效進行，身體與精神需要進入某種準備狀態。我們經常會省略這段過程，就好比食材必須先處理過才能料理，先取得駕照才能抓方向盤一樣，在計畫某件事時，也要重視這個準備過程。這樣才能度過漫長又無聊的時間，幫妳找到事情的樂趣。

當然，我們做的每件事並不保證都能帶給我們成就感與快樂，有時必須出席自己不想開的會，有時必須做出自己覺得沒用的報告，例行重複的管理工作也相當多，然而，只要妳抱持著這種心態，自然而然就會覺得自己是在浪費力氣和時間。但其實，愈是這樣就愈應積極進取，擴大自己想要做的工作範圍，而不是當一個任人擺布的傀儡。

人活著一定會遇到身不由己的情況，這時的妳，與其只會抱怨且做得心不甘情不願，不如以開朗的心態將其速戰速決，還比較能讓自己心裡舒坦一些。

別為不可行、不能改變的事所困

前陣子與妳通話時，妳提到在韓國的職場生活應該很辛苦，我問妳為什麼會這麼想，妳說因為妳現在的工作都有明確的上班時間，絕不會出現事先沒有約定的同事聚餐。但在韓國並非如此，妳的一位朋友便因此飽受困擾。在韓國，工作量大、被迫加班是基本，長官的權威主義十分嚴重，下班後動不動就無預警地被強拉去聚餐。如妳所言，看著那些做到副主任的人，工作已經夠多了，還要被上下夾攻，確實令人十分同情。

我有一位患者就是因為這樣的壓力，導致她三十二歲就出現圓形禿。她特地掀開頭頂上空一塊的地方給我看，看得我好心疼。

而我給她的建議只有一句：「如果想減輕壓力，最好要懂得區別常數與變數。」無法改變的外部因素屬於「常數」，最好趕快調整心態接受這些事實，再專心於自己可以改變的「變數」部分。此時，記得要將這些變數一一細分成自己可以處理消化的分量，這樣至少能夠避免被壓力壓得喘不過氣。

人們通常將壓力視為一整團，所以不懂得客觀面對壓力，反而放大檢視；但其實只要**將其分類並策略性安排先後順序**，**壓力就會相對減輕許多**。就如「不可預測的壓力」這句話所指，壓力經常是瞬間接踵而來，像是早上出了包，偏偏下午出了更大紕漏的那一天。即便努力想以平常心面對也很難，更別說要將壓力細分化，根本是直接被壓力追著打。

每當遇到這種情況，我就會想起重症病房裡的病人，待在病房裡的人彷彿三百六十五天都活在痛苦之中，但事實並非如此。疼痛也有強弱差別，有時經歷生死關頭，當煎熬過去後，身體又會穩定一陣子；痛苦也是一樣，儘管當下痛苦萬分，但總有結束的時候，只要好好活著就好。有一句話我本來很討厭，但最近只要心裡一感到辛苦，就會這樣安撫自己：「這些都會過去的。」當壞事接踵而來，等待時間流逝就是最好的良藥。

那些不可能靠自己力量改變的事物，就必須**相信時間的力量**，靜觀其變；若一心只想改變事實，只會增加自己的壓力。所以，無法改變的常數就不要再花心思企圖改變了，直接接受它吧！

專注，讓妳找到工作的樂趣

每當為工作忙得不可開交且備感壓力時，我總會懷疑究竟該不該繼續這樣下去？有些前輩會這樣叮嚀晚輩：「世界上哪有人覺得工作有趣？還不都為了混口飯吃。」但我並不認同這句話。只要是職場人士，每天的工作平均都會花費三分之一以上的時間，如果是一份做得心不甘情不願的工作，純粹只為賺錢，人生豈不是非常痛苦？

雖然，那些被過多工作壓榨的人會認為自己是世上最痛苦的人，但其實人類真正難以忍受的事是「無聊」與「無意義」。所以，俄國作家杜斯妥也夫斯基（Dostoevsky）曾說：「若想徹底毀滅一個人，就要施以連殺人魔都害怕的恐怖刑罰，那就是讓他去做完全無益且無意義的事。」

因此，人生目標不能只設定在朝九晚五這件事上，無論做什麼，都必須**將目標放在如何讓事情更愉悅**、**生動地完成**。因為「生動感」本身，就會為生活注入意義與活力。不妨回想自己曾專心投入於某件事的經驗，妳會聽不見周遭任何聲音，一小時像一分鐘一樣短暫。就像準備高空彈跳前，全神貫注在等一下要怎麼「跳躍」這件事情上，所有情感、目標與思考合而為一，這樣的狀態我們稱為「專注」。即便在專注的當下，根本沒有時間去感受其中的幸福，但是一旦時間過了之後，就會感到無與倫比的成就感與充實感。

專注，是在任務與實力相當的情況下才會產生。如果任務比自己的實力簡單或困難許多，我們就很難達到專注。看電視時之所以會毫無想法地坐在椅子上，是因為這項任務太簡單的緣故；反之，如果要求小學生破解高級數學問題，他一定會立刻放棄。**最深度的專注，是要在刺激人類挑戰的任務與強烈意願結合時**，才會發生。

從流行的選秀節目中，就能明顯看出選手對比賽的專注。原本長相普通、歌藝平平、舞也不太會跳的參賽者們，歷經幾個月時間就有驚人的進步。他們為了能唱到更高的音階而練習發聲，為了展現充滿自信的舞蹈而每天練到腳都腫脹，這些都是為了每個星期能夠晉級更艱難的挑戰所付出的努力。更令人驚訝的是，透過那樣的全神貫注，也改變了參賽選手們的人生。

由此可見，專注確實是一種能引導我們學習並成長的動力。記得有一位亨道先生，總是比其他醫師提早一小時上班，巡視病房，還自發性地組織讀書會，輪流導讀醫學書籍。熱中工作的他，現在已經成為權威醫師，創辦了自己的醫院，並不斷研究「患者需要的是什麼？」這項議題，努力探索及引進新的治療方式。正因為他是自發性地設定自己想挑戰的目標並採取行動，如今才能快樂投入於工作之中並獲致成功。

我認為天職是來自於看似無聊，卻能透過反覆進行的過程，所帶來趣味性的經驗累積。人類具備玩樂的本能，玩樂能使我們感覺快樂幸福，還能激發創意。在兒童的遊戲裡，不會缺乏趣味與歡樂的元素，尤其若能帶動好奇心與自發性，就能發展出創意，這也是為什麼小朋友總能樂此不疲的原因。

如果人們的工作也能賦予一些趣味性，工作就可以不再是得硬著頭皮做的事。即便當初只是義務性地開始這份工作，只要體驗過其中的成就感或喜悅，就能轉化為正面力量，使自己更能自發性地專注於工作，而專注會讓工作變得更有生命力。而我之所以能撐到現在沒有停止工作的原因，也是來自專注的力量。因為我希望自己可以過著不斷透過專注而成長，並且常有新挑戰的人生。

女兒啊，我希望妳可以透過工作培養專注的樂趣，開心地工作。愛爾蘭劇作家蕭伯納（George Bernard Shaw）有一句名言：「世上最傻的人，是將自己的工作視為義務，勉強去做的人。」我相信我的女兒，絕對不會是那最傻的人之一。

11

無條件的真愛？愛情裡的現實與結束

原本不相識的兩人，某天成為彼此不可或缺的另一半、世上的唯一；要是失去對方，一輩子就像成了行屍走肉。茫茫人海中，為什麼偏偏讓自己愛上你呢？有人說是「緣分」，有人則說「一切都是命啊！」

不論結果是否天注定，所有戀愛都如星星閃爍般開始；自星星掉進彼此眼底那天起，我們就開始具備捕捉對方一舉一動的眼力。這個現象稱為「情人眼裡出西施」。

女兒啊，相信妳一定知道情人眼裡出西施是多麼神奇的事，墜入情網的戀人，往往會將對方的優點極大化，對缺點則視而不見，彷彿這世上沒有人能比對方更完美似的。佛洛伊德說，相愛的人會對對方投射一部分的「理想自我」。所謂理想自我，就是一直努力卻無法達到的自我理想樣貌，例如「要勤勞」「要懂得付出」「要成功」等從小父母就不斷灌輸我們的價值觀。墜入愛河的人，往往會抱著「自己沒有，但對方一定會有這些特質」的幻想。

這樣看來，愛情其實並沒有特別偉大，因為理想自我會從自己轉移到他人身上。但或許是因為這個社會對人的要求變多了，年輕人對自己的期待也普遍過高。當然，訂下高目標並不是壞事，問題在於理想自我愈高，選擇轉移對象的條件自然也變高了。即使有位十分優秀的對象站在自己面前，也會觀望拖延；或者無法等到對方工作穩定就想分手，就像仁鄭小姐與鐘擇先生的例子。

我的愛情是因為他，還是他的條件？

他們兩人戀愛三年，當初是透過聯誼的緣分相識相戀。但仁鄭因內心感到有些混亂而寫了封諮商信給我，談及他們就像一般情侶，有時會透過爭吵培養愛情的種子。有一天，受到金融風暴波及，鐘擇被公司解雇了，原本走在人生康莊大道的他，一夕間成了失業人士。整整失業了一年，好不容易才在一間非常小的公司找到業務工作。仁鄭為了不讓他挫折感太重而對其百般照顧，但不知為何，鐘擇開始對她感到厭煩。而她也常因鐘擇無心說出的一些話覺得受傷，「原本有可靠肩膀的他，怎麼不見了？」

解雇事件徹底摧毀了一位青年的意志，但其實對他來說，比起之前外表光鮮亮麗，實際上只是個空殼的大公司，他更希望能在目前這家小而美的公司累積實力，但問題出在仁鄭無法接受這樣的事實。她想要的是當初在知名企業上班的鐘擇，雖然很愛他，她卻無法忽視自己心目中理想老公應具備的條件。

親友都勸她趁年輕時多相親，她說自己並不否認目前的心態已開始動搖，也困惑不知該怎麼做才好。「我真的愛他嗎？還是愛他的職業呢？」

命定的安排？愛情裡的隱藏條件

當我們遇到有人挑剔異性外貌或經濟能力時，會覺得似乎不應該如此評斷一個人。就算心中有同樣想法，也認為不該明講，因為無條件的愛是純愛的普世價值。所以若是真愛，就不應在乎這些外在條件，而只愛對方本身。外貌、經濟能力、健康這些外在條件，是隨時都有可能改變的，唯一不會變的是對方本身。無論對方事業是否有成、外表是否亮麗、身體是否健康，都能在他身邊長年守候才是真愛。都說愛情是命運的安排了，又豈能違抗呢？

然而無條件的愛真有可能？真的可以單純地愛著對方嗎？許多學者認為，相愛的過程是非常條件性的，這裡所說的條件並不光指經濟能力，還包括性格、談吐、外貌、舉止等擇偶標準，而這些條件大多是兒時形成的潛意識所決定。

有句話相信妳也耳熟能詳，「人們會和與自己父母相似的人在一起。」譬如從小在冷淡的母親教養下長大的男人，容易對態度冷淡的女性產生好感。根據發展理論，小時候留存在腦海中的愛情程式碼，長大後也會重複運作。因此，小時候父母親對自己的關愛方式，也就是我們與父母的關係模式，長大後也會如出一轍地重演。

不過，另有一派說法是「人們會與自己互補的人在一起」。譬如從小得不到愛的女孩，長大則會選擇和能給她滿滿愛的男人在一起。但事實卻往往是一開始以為對方體貼又充滿愛心，婚後才發現對方原來是個冷漠的人。因為這樣的女人會下意識選擇不懂付出愛的男人，以重現過去得不到愛的兒時回憶。佛洛伊德將這種現象解釋為「強迫性重複」（repetition compulsion）。

在這種下意識挑選心儀對象的過程中，眼中所見其實已不是對方的原貌，而是依照我們心中期望所進行的判斷。換句話說，潛意識會將許多東西認定為最佳選擇。所以佛洛伊德說：「我們選擇的愛並非巧合，遇見心儀的對象，其實是過去的關係再現。」意指我們所遇見並選擇的對象，其實是過去成長過程中曾經相處過的人際關係重現，就像很多人會愛上跟自己父親相像的男人。也就是說，**愛情看似具有自由選擇性、自主性、命定性，但其實在這樣的命運安排中，已經包含了許多條件**。

別放棄，是愛情呀！

仁鄭小姐口中的條件，其實都是為了驗證自我存在感。她想透過外貌、學歷、地位、金錢等，這些能夠讓自己與他人產生區隔的外在條件，得到大家的認同與自我優越感。我們將這樣的愛稱為「現實的愛」（pragma; practical love），透過勢利的愛情，期許自己也能自我實現。既然我們每個人都難逃這樣的欲望，又怎能說她的不是呢？

我告訴仁鄭，不必因為那份罪惡感而困擾，如果覺得自己還愛著對方，那麼希望她可以先相信鐘擇。因為兩人相愛有著各種錯綜複雜的條件，絕對不只有職業，也包含性格或夢想等種種因素，甚至可能有連她自己都沒有察覺到的因素。

而且我們可能不會意識到，其實最終自己遇到的真命天子，往往是經由過去戀愛經驗傷口上所搭建起來的橋梁。就像一定要會看音符才看得懂樂譜、了解語句文法結構才能進行對話一樣，愛情的各個階段，也都有學習和練習的價值。這就是為什麼我們不能輕易放棄現有愛情的理由，唯有處理好當下這段戀情，下一段戀愛才會進步。

以色列知名心理學家艾亞拉・馬拉可・派恩斯（Ayala Malach Pines）將下意識選擇愛情伴侶的過程稱為「下意識的智慧選擇」，或許下意識會將兒時未能解開的心理問題，透過與異性之間的關係重現，給自己再一次解決的機會。雖然，很可能因此承受痛苦，但只要能正視問題且努力設法解決，我們絕對能創造出美麗的成長。愛情送給我們的最大禮物，會不會就是這樣的成長呢？所以即使決心與對方分手，也應好好思考當初為什麼會愛上對方，以及如今為什麼又決定分手的整段過程，這樣一來，才能用更坦然的心，迎接下一段愛情。

去戀愛吧！別對愛情冷感

有些人一旦得知原來是自己的潛意識在選擇另一半，就會突然對愛情採取冷漠的態度，認為世上沒有所謂真正的愛情。但真是如此嗎？我們應該懷疑愛情嗎？我並不這麼認為。

人類所謂的潛意識至今尚未有明確的實證，掉進愛情漩渦的過程也有各種說法，並無定論。所以愛情是神祕的，是難以理解的力量讓人墜入愛河。即便是因兒時經驗而使對方在茫茫人海中只對妳產生愛意，那又如何？因為彼此的過去而牽上的姻緣，不是更珍貴奇妙嗎？

因此，絕對不要對愛情冷感，也不要認為無條件的愛才是真愛。我們都會找到符合自己心目中條件的對象，但這並不代表愛情不純粹，反正我們都無法徹底了解這份愛，也不能改變這份愛，不如就忠實於愛情的當下。即便最終結局是分手，也能透過戀愛了解自我與成長。如果妳問我，反正都會結束的感情，有必要拖時間嗎？我會想這樣對妳說：「即便妳迅速了結這段戀情，也只會空留遺憾，下一段戀情終將難以美滿。」

12

最安全的路，最危險！勇於擁抱變化

年輕人通常什麼時候最煩惱未來就業的問題呢？據說是在國三、高三、大四、工作第三年、工作第十五年時。國三、高三、大四是煩惱該繼續升學，還是直接就業；工作第十五年則是思考究竟要在公司工作到何時，如果離開要去做什麼等第二人生的規畫問題；而工作第三年、三十幾歲的上班族，則是把握最後一次換工作的機會，並認真思考未來的發展可能。

也因此，三十歲上下前來找我諮商的人，不外乎都是關於工作與未來的問題，他們最常講的一句話就是：「我不知道自己究竟最想做什麼。」

我們一生中會面臨無數次的選擇，但真正知道自己要什麼的人並不多。尤其現在年輕人必須面臨比我年輕時更多的選項，難免感到徬徨、不知所措。根據二〇一二年的統計，登錄在韓國就業網的項目就高達一萬一千六百五十五項，相較於二〇〇三年只有七千九百八十項，在這十年內足足暴增三千六百七十五項。

再來看看擇偶問題，三十年前、二十五歲上下的年輕人大部分都已婚，即便有些人較晚婚，但很少不婚的。不過這些年來，連適婚年齡都沒有固定標準，不婚的情況與日俱增，加上國際通婚案例增加，挑選伴侶的範圍相對擴大；也就是說，以前被視為理所當然的事，像結婚、生小孩等，現在都已變成可以選擇要或不要的選項。

自由選擇，是祝福還是詛咒？

有選擇自由這件事，原是一項祝福。在過去以身分決定一切的年代，職業、婚姻、生活方式都早已命定，比起個人的夢想或意志，投胎在哪一個家庭更能決定妳的一生。相較於傳統社會，如今能夠自由選擇工作、伴侶以及未來，實在是十分幸福的事。但是，選項過多反而成了一種詛咒，因為當我們做出一項選擇時，等於要放棄更多選項。

我們在選擇一項工作的同時，也必須捨棄其他數萬份工作的機會；而**當捨去的選擇愈多，就會對自己最終的決定寄予更高期望**。可想而知，失望值也會同樣升高。當妳對自己的選擇後悔時，便會出現「當初我要是選別的就好了」的念頭。最終，不論做任何決定，都會愈來愈難感到滿足。

哥倫比亞大學商學院的教授、選擇專家希娜・艾恩嘉（Sheena Iyengar）曾做過一項有趣的實驗，她追蹤十一所大學、五百多名學生找工作的過程，發現有強烈完美主義傾向的學生，會把履歷投遍各家公司；反之，容易因小事滿足的學生，只會投遞給特定幾家公司。幾個月後，分析兩者的就業結果發現，有完美主義傾向的學生比容易滿足的學生，起薪高出兩成，但是對求職結果的滿意度卻明顯較低。因為他們一想起投過履歷的公司，就容易出現後悔的念頭，想著「當初要是選擇另一家公司就好了」。

「自由選擇」這件事本身，已經無法再為我們帶來幸福。或許，成功將取決於妳所做的每一項決定；但是，**幸福絕對取決於妳用什麼心態來接受每一項決定**。

不要等做完所有比較再決定

三十歲年輕人眼前正面臨著工作或伴侶等人生重大選項，他們想把無數個選項做過全面分析比較後，再做出自己不會後悔的決定。可惜的是，當我們把人生攤開來看，二、三十歲時所做的決定，幾乎難以判斷是否為最佳抉擇。因此，沒有什麼舉動會比計算所有選項還要來得不智了。

就像登山時，在朝山頂一步一步攀爬時，通常不會知道自己究竟爬到哪裡了，只能看見眼前的樹木、花草以及石頭。直到抵達某個定點能夠看見遼闊風景時，才能確認自己目前已經走到哪裡、從哪一條路爬上來，以及爬了多高。爬到下一個山頭時，就會看見原本看不見的風景，體會從未體會的感受。選擇也是同樣道理，**我們必須在很久以後，才能回頭確認那些選擇帶領我們前往何方**。

蘋果公司創辦人賈伯斯（Steven Paul Jobs），大學只讀六個月就辦了休學，徘徊在學校附近時，他注意到里德學院（Reed College）布告欄及長椅上的文字，於是開始旁聽學院的終生教育講座，學習字體設計。十年後，他將當時所學的字體設計應用在麥金塔電腦（Macintosh），獲得了世界性的成功。但他說自己萬萬沒想到，過去所學的字體設計最後會拿來這樣使用。

就像賈伯斯一樣，我們當下不知有何用處的事，日後卻很有可能邁向成功。年輕時的選擇也是如此，眼前只見樹木與石頭而非整座山，因此沒人知道現在的決定會帶來什麼樣的結果，更何況任何人都沒有辦法一一檢視所有方案後，再做決定。每個人不過是在自己能力所及的範圍下，努力做出智慧的決定罷了。所以，請拋棄所有選擇都必須先比較過再做決定的念頭吧！

俗話說：「考慮太久反而做不出好決定。」我非常同意這句話。考慮太久反而容易迷失方向，甚至一時想不起來自己當初在煩惱什麼，也就是在行動前停留在空想階段。如果依然感到徬徨難以抉擇，我會建議直接**相信妳的直覺**。

妳是否曾經看過朋友帶新男友出現時，第一眼就有「這男生不ＯＫ」的感覺？在沒有任何理性線索的情況下，腦中卻會瞬間做出判斷，我們將這樣的反應稱為「適應性潛意識」（adaptive unconscious）。適應性潛意識，是一種幫助我們迅速且默默處理人生大量資料的「大型電腦」，它會將必須經過精密的思考轉移至潛意識，以提高判斷的效率。

人們會盡可能蒐集大量資訊以進行審核評估，做出正確決定，但如果每件事都要經過審核評估，只會累死自己。所以，在遇到緊急狀況必須迅速做出決定、與人第一次相見、即席提出新點子等需要快速判斷的關鍵時刻，或是判斷資料不足時，人類就會涉入適應性潛意識的範疇。雖然說石橋也該敲過確認後再走，但若想破腦袋都想不出個結果時，不如就相信自己的直覺吧！

永遠承受計算過的危險！擁抱變化

女兒啊，妳也知道我在距離退休只剩十年之際，毅然決然地辭掉了國立醫院的工作。當時所有人都非常訝異，因為那是一份人人稱羨的穩定工作。但是比起安穩，我選擇了變化；比起停滯，我選擇了成長。

過去我在醫院學到非常多東西，見過許多患者，指導過許多後輩，寫論文、想辦法找預算，也學習如何與工作性質完全不同的組織合作。有的人得花錢才能學到這些事，而我則是領著薪水學習的，所以還有什麼經驗比這些更寶貴的呢？但不知從何時開始，我逐漸失去了活力。

於是，我開始思考自己真正想要做的、想要用剩餘時間投資的究竟是什麼？在人們平均壽命已接近百歲的時代，我只走了一半，剩下的一半我該過什麼樣的生活呢？恐怕無論是多麼穩定的工作，也攔不住我那顆渴望變化的心啊！最後，我決定開一間私人醫院，七年後的今天，我不曾後悔當初的決定，因為現在的我正做著一心想做的事，這樣就夠了。

安全的路給人舒適與安定感，但如果妳習慣了那條路，就不會想要挑戰新事物，取而代之的是想盡辦法堅守在那條安穩的道路上。所以，**安全的道路是可怕的**，人生必須透過各項新挑戰，從中發現過去不知道的自我而成長進步，然而安逸會使人麻木。

每個人都害怕變化，所以會希望繼續躲在安全的庇護下，並抗拒改變。但是如今回想起來，我能夠走到現在這個位置，也是因為努力想要改變。

紐約大都會歌劇院總經理彼得．蓋伯（Peter Gelb）曾經在一則新聞訪談中提到，他的人生座右銘是「永遠承受計算過的危險」，並且強調**不願承受風險的人，就跟鴕鳥沒兩樣**。因為，鴕鳥遭遇危險時會把頭埋入沙坑，蒙蔽視線自以為安全，明明藏不住也硬要躲起來。

最終，變化無法視而不見，而是必須擁抱與接受的事實。

隨著未來的不確定性擴大，追求穩定工作、安定生活的人愈來愈多，尤其妳所要面對的未來，對安全感的需求只會愈來愈強。但要切記，安全的路也有可能是最危險的路，如果妳不曉得該以什麼做為選擇標準，那麼答案就是妳自己！

相信自己，也許不管做任何決定都有辛苦的一面，但只要相信自己，就絕對可以不被打倒，樂觀面對。

13

嫉妒心，帶妳走向毀滅還是建設？

「我一直都很擔心妳們會比我更優秀。」

這是韓國電影《我的黑色迷你裙》（*Little Black Dress*）裡，秀珍對慧智所講的話。電影裡的四位主角秀珍、慧智、敏姬、柳敏，同為某知名大學表演系學生，是直到畢業前整整四年都成天混在一起的好姊妹。

但畢業後就會展開光明前程的期待落空了，她們找不到工作、家庭經濟狀況下滑、戀愛更是愈來愈不順利。後來，慧智突然成了小有名氣的新人演員，四人的友情開始出現不尋常的氣氛；其他三位朋友，沒有一個對慧智說聲恭喜。

女兒啊，相信妳一定體驗過像秀珍一樣的微妙情感。原本是每天一起上課讀書、吃吃喝喝的朋友，有一天突然變得比自己優秀而產生了嫉妒心。原本以為彼此程度差不多，但某天突然看見對方站上了比自己更高的位置，雖然想祝福對方，但另一方面又覺得不怎麼服氣。隱約希望朋友出點錯，甚至希望自己可以搶走對方的位置。然而更痛苦的事實是，看見自己以這種嫉妒的心面對朋友，而感到自憐和羞愧。

連伊莉莎白女王都有的嫉妒心

當別人得到自己得不到的東西，嫉妒心就會讓自己討厭起對方。財力、美貌、優點、職業、評價、運氣等，會引人嫉妒的事情很多。就連自己正在走的車道塞著車，卻見旁邊車道的車不斷地超越自己暢行無阻；或者搭地鐵時，排隊在自己後面的人反而坐到了位子，如果這些會短暫使妳感到惱怒，就已經算是一種嫉妒心了。

人活著是絕對不可能不產生嫉妒心的！任何人都無法免於嫉妒，即使看似沒有必要羨慕別人的億萬富豪也是。

「我嫁給了英格蘭。」說這句話的伊莉莎白女王（Elizabeth I），將原本輸給鄰國西班牙與法國的英國，帶領成歐洲第一政經及文化大國，成為一千年來英國史上最偉大的領導者。然而這樣的女王依舊無法掩藏自己的嫉妒心。外表魅力不敵蘇格蘭女王瑪麗一世（Mary I）的伊莉莎白，也曾以「誰身高比較高？我更漂亮吧？」這類問題，與瑪麗一世爭妍鬥豔，甚至無法接受只要與瑪麗一世同台，自己就會被比下去的事實。

當嫉妒的對象是與自己親近的人，事實就更顯殘酷。比起電視裡的富二代或明星，我們更容易對身邊加薪的朋友、整形後變漂亮的同事、找到好工作的親戚心懷妒嫉。原本認為對方與自己旗鼓相當，沒想到如今自己卻沒能站上對方的位置。通常這種時候，心裡會以「那只是他運氣好」來安慰自己，並貶低站在那個位置上的人。因此，好朋友或同學往往也是最容易產生嫉妒的對象。

不只是比自己優秀的人，就連不如自己的人也有可能遭到嫉妒。當原本各方面都不如自己的朋友，逐漸與自己縮短差距時，就會產生不悅的情緒，這樣的感受稱為「差距嫉妒心」。當原本區隔我與朋友之間的成績、外貌、職業等因素消失或差距變小時，就會演變成害怕與擔心。

關於這點，哲學家法蘭西斯・培根（Francis Bacon）說過，「當其他人趁勝追擊時，停在原處的人將難以抑制嫉妒心的產生。」一**旦嫉妒心蒙蔽了雙眼，人們不僅不會因自己擁有的優勢而快樂，還會因為看到對方所擁有的條件而痛苦**。甚至產生「如果有機會，希望能奪走他所擁有的，並且毀滅對方」的念頭。

英國精神分析學家梅蘭妮・克萊恩（Melanie Klein），也曾以嫉妒心將導向毀滅的死亡本能——塔納托斯（Thanatos，譯按：希臘神話中的死神，佛洛伊德曾用這個字作為死亡本能的別稱）觀點進行說明。過度的嫉妒心不僅會毀滅對方，也將毀滅自己，最終導致兩敗俱傷。

然而最大的問題是，滿懷嫉妒的人並不會承認自己在嫉妒。即使舉出種種事由：因為他沒大沒小、因為他很囂張、因為他沒能力等討厭對方的理由，也絕對不會承認自己在嫉妒對方。因為一旦承認了，也就代表承認自己不如對方，這對任何人來說都需要十足的勇氣；但如果不承認自己那顆嫉妒心，對方與自己都會陷入毀滅的漩渦難以自拔。所以，比起受嫉妒之心折磨而暗自痛苦，我們更應該理解它，並運用智慧將此種心態用於正面作為。

妳的嫉妒帶著毀滅還是建設呢？

我們之所以會因嫉妒心而困擾，是因為有著自己想要的某樣東西。嫉妒心帶著面具，所以剛開始很難察覺到自己究竟是在羨慕對方哪一點，但是只要一層層分析對方的優缺點，就能知道自己究竟為什麼會產生嫉妒心理，而且那些因素正是自己內心所渴望的。透過這樣的過程，將有助撫平我們的嫉妒之心。

德國心理學家羅爾夫．豪伯勒（Rolf Haubl）在《嫉妒心》（*Neidisch sind immer nur die anderen*）一書中，就建議了兩種撫平嫉妒心的方法。第一種方法是毀滅性的，這種人對對方的一舉一動採取挑剔批判的態度，心裡卻很清楚自己不可能擁有對方如今所擁有的，便會開始詛咒對方。第二種方法則是建設性的，肯定嫉妒對象所擁有的，並且將目標設定在自己也要到達那個位置而加倍努力，此時嫉妒心就會化作前進的動力。由此可見，嫉妒心可以摧毀自己與對方，但也可能成為創造積極自我的力量。

「為什麼成功總是屬於別人的故事？」「別人的生活都很簡單，為什麼只有我這麼辛苦？」……我們經常說出這種話，殊不知別人為了擁有我們所羨慕的才能、機會、人脈，過程中同時放棄了許多事物。或許，我們應該換個問法：「**他們為了得到今天的成就，放棄了什麼？**」

法國小說家朱爾・勒納爾（Pierre-Jules Renard）曾說：「失敗不是懶惰的唯一懲罰；他人的成功亦是。」如果不付出任何努力，只想得到果實，我們也只有被嫉妒心操弄一生了。

此外也要記得，無論多麼成功的人都會有自卑感。我們之所以會覺得羨慕的對象很帥氣，彷彿擁有了全世界，其實是因為我們站在遠處觀望的緣故；站在舞台上是當家花旦，下了舞台其實與我們一樣都是過著平凡生活的人。只要妳理解每個人都有他的痛處，即便嫉妒心如洪水猛獸，絕對能一舉擊敗它。

學會聚焦在自身的幸福與快樂

除了因嫉妒心而討厭某人會令自己痛苦，毫無理由被別人嫉妒也很痛苦。想像一下，如果有個人為了找出妳的缺點而觀察妳的一舉一動，讓妳有無所遁形的感覺。站在被嫉妒的立場，可能會覺得自己又沒做錯什麼事，為什麼要忍受這樣的對待而感到委屈；再加上當妳愈想解開對方心結，就愈可能使對方的嫉妒變得更強烈。

學生時期有些女生明明外貌亮麗，卻堅持做偏中性打扮，其實就是為了避免別人嫉妒的保護傘，因為這樣才能與朋友們打成一片。

女兒啊，如果有人因為嫉妒而想攻擊妳，我知道妳一定感到委屈難過。但是遭人嫉妒，同時反映出妳的確比他們站在更好的位置，代表妳有東西可以付出。千萬別忘記，妳也是有責任的；先擁有的人，便有照顧弱者的義務，這是擁有者的倫理，我們稱之為「照顧」。

因此，當妳站上被人嫉妒的位置時，記得說話時要顧及對方立場。一旦先獲得別人想擁有的東西，一定無比開心，自然會產生炫耀心態，無論是多麼能站在他人立場、顧及他人感受者，也會在不知不覺中流露出炫耀的口氣。往往說者無心，但聽者有意，對著尚未準備好要接受這一切的人表露喜悅之情，並不合乎禮貌。因此，那份喜悅記得留給身邊最要好以及珍惜妳的人就好。

在我定期參加的聚會裡，有位女生最能引起好奇與受人矚目。她沒有特別亮麗的外貌，但是很懂得聆聽他人說話，與人相處融洽並且謙虛。職場上雖因能力佳而嶄露頭角，但她總是歸功給大家，並盡量掩飾自己的才能。我認為她是個聰明的女孩，因為懂得放下身段，但無形之中又能掌控大局，兼具自信與智慧於一身。如果所有女人都能有像她那樣的智慧與謙虛，我相信將寶貴的精神與力氣浪費在嫉妒上的事，自然會大幅減少。

嫉妒心也是一種習慣，若想改掉，就必須**養成聚焦於自身幸福與快樂的習慣**；畢竟最終我們都是為了幸福而活，只要幸福就不會發生羨慕或嫉妒他人的事。所以女兒啊，多做些會讓自己幸福快樂的事吧，這樣就能免於被嫉妒心折磨。

14

多些獨處時間，解決人生許多問題

「我有打電話給妳但妳沒接，在忙嗎？」

「啊，媽，我沒發現手機關機了，實在不好意思啊。」

女兒啊，有時妳會這樣回答我，但其實我心裡明白，有幾次的確是手機關機，有幾次則是因為妳不想被打擾而故意不接。妳怕我多問，才會用關機這個藉口回應我。所以，每當妳這樣回答時，我都不再追問。因為我知道每個人都有想要一個人靜一靜的時候，反正過陣子妳就會對我說：「媽，晚上有空嗎？我想吃好吃的！」

任何人都有想要一個人獨處的時候，當工作不順利、受人際關係困擾時，「好想一個人靜靜」的聲音就會湧上心頭。那是發自內心深處的聲音，呼喚自己該是回頭好好看看自己的時候了。

如同英國心理學家安東尼．史脫爾（Anthony Storr）所說，人生中兩種相反的渴望總是同時發生。**一種是想要與別人結為親密伴侶的渴望，另一種則是想要透過獨處回歸自我的渴望；為了達成生活上的平衡，這兩種渴望我們都必須傾心聆聽**。所謂人生，似乎就是由這兩種渴望纏繞而成一條解不開的繩索。

我們是否渴望獨處，卻不懂方法？

人們藉由在社會生活中賺取金錢、與人相遇、達成成就來豐富人生，但如果只專注於社會性活動，忙到沒時間面對自己，那麼我們的心很快就會枯萎。每個人都有他人無法觸及的內心世界，美國女權主義者伊麗莎白．凱迪．斯坦頓（Elizabeth Cady Stanton）說：「任何男人或天使的眼和手，都不能看透我們自我本體的內在。」也就是說，如果自己不照顧內在的自我，就會像休耕的稻田一樣被荒廢掉。

值得慶幸的是，儘管每天忙於生活，但某一天還是會自動想休息。「等忙完我就要去旅行，還要把那些沒時間看的連續劇統統看完，累積的書單也要讀完！不不不，乾脆放空一整天躺在床上打滾好了。」每個人一定都曾許過這樣的心願，雖然有時會和朋友在一起，但有時也會為了修復平時被生活百般折騰的內在，安排屬於自己的獨處時間。

但事實上，當妳偶爾有一點點屬於自己的時間時，往往先是感覺到短暫的快樂，但熟悉的不安感就會逐步逼近，開始覺得自己好像應該讀一下英文，運動一下或是進修上課。於是又攤開行事曆、安排計畫、切割時間，列出該進行的工作……最後還拿出手機看新聞、逛網路商店。

我們往往渴望能擁有獨處的時間，卻不懂真正獨處的方法。等真的獨自一人時，卻覺得應該做點什麼才對，不知如何正視內心的自我。

不只如此，我們還很容易將獨處與孤獨、孤單做連結，並將其視為負面。根據德裔美國存在主義哲學家保羅．田立克（Paul Johannes Tillich）的看法，孤獨分兩種，痛苦的孤獨叫孤單（loneliness）；快樂的孤獨則是獨處（solitude）。雖然兩者都被譯為孤獨，意義卻截然不同。所謂獨處，是**積極打造一個專屬自己才能進入的空間，使自己變得更有創意**，因此只要好好運用獨處時間，必定會有許多收穫。

此外，能夠自在地獨處也是一種能力。英國兒童心理學家唐諾．溫尼考特（Donald Winnicott）認為，陪在孩子身邊的母親（或養育者）懂得尊重小孩，並配合孩子情緒適時給予回應時，才能發展孩童獨立的能力。因此，能否獨處這件事在檢驗人際能力及成熟度方面，都是重要的指標。

其實，獨處並不是要排斥與他人發展關係，反而更能強化親密關係。真正懂得享受獨處時光的人，才是真正能與自己連結的人，而且只有這種人才不會摧毀他人、使人感到窒息，以健康的心理與他人維持關係。

給自己：一個祕密空間、一段自我對話時間

女兒啊，在我擔任精神科醫師期間，看過許多人因各種原因而感到內心痛苦。有辛苦養育兒女結果孩子不懂事而傷透心的母親；為男友獻身最後卻遭背棄的女大學生；還有為了得到社會認可拚命工作，退休後卻不知自己要做什麼的中年男子……雖然他們的煩惱不盡相同，原因卻如出一轍，就是忽略了自己的內心。那就像一個破了底的甕，不論多麼努力想填滿它，卻注定永遠空虛。而那樣的空虛感不僅影響自己，也會影響身邊的人。

人生許多問題，其實都是因為沒有照顧好自己的內心才會發生。

《簡單富足》（*Simple Abundance*）作者莎拉．班．布瑞斯納（Sarah Ban Breathnach）是活躍於美國各主要媒體長達二十五年的記者。某天她獨自散步時，突然下定決心從此以後要做自己真正想做的事，便將所有社會成就拋諸腦後，重新成為一名全職作家。她曾對那些疏於照顧自己內心的人說，人生最終是一趟孤獨的旅程：

現在的妳，可能為人子女或父母，為人夫妻或兄弟姊妹，就算妳已脫離了這些血緣關

係，在社會關係中依然脫離不了為人上司或下屬，為人前輩或晚輩的身分。除此之外，還有無數人與妳的人生息息相關。儘管生活在如此多重關係中，但偶爾還是會感到孤單寂寞，為什麼呢？

因為光是只為自己而活都已經太短暫了，更何況我們每天都在為了那一連串與我相關的「某人」而活，卻不斷將那些為自己而活的事往後推延。只要繼續過著為他人而活的人生，就注定會被孤獨糾纏。

英國作家維吉尼亞‧吳爾芙（Virginia Woolf），在一九二九年所發表的作品《自己的房間》（*A Room of One's Own*）裡提到，對女性來說，能夠稱得上是「屬於自己的」時間，一天根本不到三十分鐘。雖然比起吳爾芙當時的年代，現代女性看似更可能擁有自由靈魂，但其實洞察其內心，會發現並無太大差別。當代女性依然被灌輸必須敏銳覺察自己在他人眼中的形象，以及如何才能得到他人關愛。過去人們認為不婚而獨自終老的女性是孤僻的表徵，應該要有其他人來填補她的生活；如今時代雖已不同，但女人內心依然存在著對獨自生活的畏懼，因此也逐漸離自己愈來愈遠。

一九五〇年代出版的瑞典童書《長襪子皮皮》（*Pippi Longstocking*），主角皮皮是獨自一人生活的孩子，她隨著腦海中的想像自由地生活著。她的力氣比大人還大，所以警察也不是她的對手；想睡覺時就呼呼大睡，想倒著走路就倒著走路。大人們對皮皮指指點點，認為她很不聽話，但是皮皮也因為沒有拘泥於大人心目中該有的樣貌，看見了世界的美好並寬待他人。正因為她沒有為了誰犧牲自己進而變得憂鬱，才得以懂得付出自己的所有。

有時，我認為人應該像皮皮一樣，不要太在意別人的眼光，必須**擁有專為自己而活的時間**。擁有自己的時間才能正視自己內心，然後試著過一次真正渴望的生活，這樣人生才不會空留遺憾，也才不會埋怨世界、埋怨他人。

人世間有多少不如意的事啊，我們在無可奈何的生活裡，經常為那些不如意的人、不如意的事，感到受傷與折磨。此時，是否至少應該保留一處可以讓自己喘口氣、撫慰心靈、放心養神的空間？只要能在這壓迫的世界裡，留有一處專屬自己的棲息之地，便能為生活帶來一點悠閒與舒適。

所以女兒啊，但願妳能多擁有一些私人時間與空間，好好練習如何妥善利用。德語詩人里爾克（Rainer Maria Rilke）在《馬爾泰手記》（*Die Aufzeichnungen des Malte Laurids Brigge*）中寫道：「別打擾那孤獨之人，他正在與神會面。」**孤獨是與自身對話的時間，也是思考自我意義的時間**。因此，只要擁有孤獨的時間，便能解決人生許多問題。

15

當愛情走遠時，千萬別做卑鄙的人

當一段新戀情開始時，心臟會不停跳動，彷彿隨時就會炸開；但當看似天長地久的愛情最終以分手收場時，那一刻，原本奮力跳動的心臟，便突然「砰！」一聲停止跳動。

毫無預警的分手之痛，讓人難以承受而哭泣數日，有人甚至嚴重到行為異常。

佛教將分手的痛苦稱為「愛別離苦」，意指愛情消逝成為獨自一人而感到痛苦，是佛教八苦之一。再加上分手這傢伙因為尾巴很長，不太能隱藏好自己，所以會長時間待在身旁時時刻刻騷擾著我們，彷彿要我們將過去熱烈愛過的代價一口氣償還。分手總是帶給人們淚水與傷痛。

「對你來說，我們之間的愛只是口香糖吹出的泡泡嗎？就為了讓今天砰地一聲吹破它，所以吹了十年之久？那我究竟算什麼？曾經相信你所吹的泡泡永遠不會破的我，現在究竟該怎麼辦？」

慧善小姐在日記中寫下這樣一段話，記錄過去十年多的歲月裡，她唯一交往的人。

當珍貴的對象與我們畫下句點……

「純純的愛、瘋狂的愛、安穩的愛，都是與他一起經歷。說他是我二十歲的全部也不為過。」這些話，如實傳達了慧善內心的痛苦。就像許多交往已久的情侶般，他們從第七、八年開始，見面次數逐漸變少，講電話的時間隨著縮短，但她從沒想過分手。對男友又愛又恨的她，早已將對方視為一家人。

就這樣到了三十歲那年，男友仍對結婚隻字不提，她開始感到戰戰兢兢。有一次她好不容易開口：「我們是不是該準備結婚了？」卻沒有得到任何回應。正因為他這樣的反應，引發了雙方極大衝突。男方關了好一陣子的手機沒有任何聯絡，最後只用一封簡短的信告知，沒有想要與她結婚，所以決定分手。終究他們還是以分手收場。

分手後，她公開自己單身，並決定投身宗教。她認為如此深愛的男人都能拋下自己離開了，還有什麼勇氣敢再認識新男人？與其賭上一輩子去相信那不可靠的愛情，不如到非洲照顧小朋友還比較踏實。

聽著她述說這些故事時，我的心裡彷彿被人放了顆石頭般鬱悶。女人在花樣年華與人相戀，十年歲月後卻在一夕之間接獲分手通知，當下她的心情一定很糟糕。慧善會選擇去那麼遙遠的非洲傳教，是因為她沒有勇氣面對失去愛情的事實，一心只想忘掉那段為了某人付出所有的殘酷事實。然而，這些痛苦就是曾經愛過的代價，除了相信時間會是最好的良藥，又有什麼選擇呢？

就像慧善對愛情的看法一樣，我們一生都會遇到珍貴有如自己一部分的對象；這些對象除了子女、父母、戀人、朋友之外，還包括有一天一定要實現的夢想、準備好長一段時間的考試、不想失去的青春與容貌等，只要是曾投入高度關注與關心的事物統統都是。但是當妳突然失去這些珍貴對象時，就會感覺像是挖走了一塊心頭肉般痛苦悲傷。表現這種情感的過程便是哀悼，慧善目前就是處在那股悲痛的情緒中。

不要害怕悲傷，那是堅強的開始

處於「哀悼歷程」的人，同時會有各種混亂的情緒，就像沉溺在一盒裝滿所有與悲傷相關字眼的情緒箱子裡，這些情緒會輪流出現，有時同時湧出，有時以為熬過去了卻陰魂不散。曾有位媽媽向我告白，她突然失去了即將成人的女兒，經歷好幾年的哀悼過程，好不容易回到正常生活時，卻再度生出嫉妒憤怒的情緒，她自己也非常驚訝。就像這樣，**哀悼並不**

像爬樓梯般一步步往前，但有時也會在不知不覺中突然找到出口。

哀悼過程中，會經歷的典型情緒有以下幾種：第一是否認，失去珍貴對象的人會否認發生的事實。例如，當戀人告知分手時，會做出聽不懂對方在說什麼，請對方不要對自己開玩笑的反應，但也不會完全否認，即便自己心知肚明情況有點不太對勁，仍然會先從否認開始。這是潛意識裡我們為了緩和突如其來的打擊所做的策略，刻意拖延時間直到心理準備好接受事實。

第二是憤怒。連續劇中經常出現失去親人的家屬，抓住醫生衣領大鬧要求醫生救回家人；接獲分手通知的女人，質問對方：「你怎麼可以這樣對我？我不會放過你的。」這些都是因為失去而做出的憤怒舉動。但是憤怒對哀悼者來說，是連結世界的扣環；感受深層傷痛的同時，如果沒有任何連結扣環，會是一件非常危險的事。因此，表現憤怒情緒其實反而比悶不吭聲來得安全。

憤怒情緒之後，隨之而來的是把對方理想化，以及對自己的自責感。像是以「我還能遇見像他這麼好的男人嗎？」的想法抬高對方價值，並以「一定是我不好，他才會離開我」深深自責。藉由賦予對方美化的形象，將失去對方的悲痛合理化。接著留給自己的是悲傷，眼淚就像壞掉的水龍頭，嘩啦啦地痛哭一場，用全身表達所有痛苦。**悲傷是哀悼的核心過程**，如果不能表達悲傷，那些壓抑的情緒就會以其他如憂鬱症或暴躁等更辛苦的方式展現。

只要發洩完悲傷，就可以真正送走那珍貴的對象。承認雖然深愛過但如今要分開的事實，也等於重新接納了對方，接受那些又愛又恨的情感，並重新思考對方對自己究竟有什麼樣的意義，以及檢視自己從不曾真正認識的內心世界。

雖然對方已經離開，愛情已成過去式，但透過這些過程，妳能感覺自己成長了，並學習沒有對方同樣能繼續生活下去的方法。

不知慧善處理這段傷痛花了多長時間？我告訴她，可以讓自己充分表現傷心難過，不要壓抑任何情感；建議她如果想要傳教就放心地去，只要那是心裡想做的事就去嘗試。佛洛伊德說過：「哀悼，是失去愛人或失去某個特定對象時所產生的反應。」哀悼雖然痛苦，但這是正常過程，一段時間後就會消失。

人都有自我修復的能力，痛苦能使我們變得更堅強。全世界光是經歷過分手與喪失之痛的人就有七十億，慧善當然也能禁得起這項考驗。

為下一段戀情留段「空白準備期」

我同樣建議慧善，在尚未撫平心中傷口前，應盡量避免開始下一段戀情。心理學家海倫娜・朵伊契（Helene Deutsch）曾說，「沒有表現出來的哀悼，會用任何方法傾巢而出。」

也就是說，如果沒有好好送走上一段戀情，那些過去未被解決的心理，就會影響下一段新戀情。若以這樣的條件談戀愛，即便對方是非常不錯的對象，也很難有結果。屆時所承受的傷害，會再加乘上一段戀情所受的心理創傷，變得更為巨大。

分手雖然是結束愛情的階段，但同樣是接受下一段戀愛的準備期，只不過，最近經常看見有不少人與現任對象分手後不久，就和新對象在一起的情況。電影院裡，上映場次之間都留有間隔時間；餐廳上每道菜之間也會稍留間隔……同樣地，面對逝去的愛情也必須留有哀悼時間，這樣心理的傷痛才不會更加惡化，也不會錯失未來找上門的愛情。

如果情況反過來，當妳需要對某人提分手時，記得千萬不要在分手面前變得卑鄙。無論過去是否曾經歷分手之痛，只要站在提分手的立場，就不該以「不希望造成對方傷害」為藉口而變得卑鄙。例如，突然不接電話或人間蒸發；甚至被動等待對方先提分手，一方面將說出「我們分手吧」這句話的權力交給對方，二方面讓別人以為自己才是受害者，比較不用背負辜負對方的罪名。但是，心已不在的人等著對方主動提分手，是否反而更傷害對方呢？

不再愛了並非罪過，而是已經無法改變的事實。所以即使難以親口提分手，也要將這件事盡量處理得圓滿。因為，在不知理由為何的情況下被通知分手的人，哀悼過程相對會更辛苦，甚至有人從此不再談戀愛。就算難以啟齒，當妳想分手時，也一定要鼓起勇氣好好跟對方說清楚。

分手的英文為「Good bye」，看似簡單，卻沒有任何一句話比這句更難實踐。愈是痛苦的愛，愈需要好好地送走它。「送走」意指將失去與憤怒的情感搗碎流放出去，有幸福就會有不幸，有傷痛就會有成長。我們必須承認有愛情就會有分手的可能，但依然還是要正面面對愛情，成為更懂得付出的人。

愛情都會帶來痛苦，如果想避免那些痛苦，就只能將愛情徹底從人生中刪除，然而人這一生是否真能不動任何感情？愛情會有意無意隨時再度找上門，即便現在處於離別的傷痛中，未來總有一天會面臨新的愛情。所以，分手後不要覺得自己見不得人，悲傷是只有愛他人比愛自己還多的人才能享有的特權。即便會吃不下、睡不好，眼淚會流個不停，仍需記得千萬不要放棄愛情。

16

在這世界上，妳最該珍惜的人是——自己

人們常會將年輕人比喻成春天，中年人是秋天。但當秋天出現如夏天般燦爛的「秋老虎」時，就會讓我想起年輕人的血氣方剛。因為即便寒流來襲，秋陽依然熱力四射，如同年輕人向這世界熱血宣告、準備決一死戰。

秋陽帶來各種色彩，從空中灑落下來的清亮光芒、映照在田野稻穗上的金黃色澤，到落葉上的古銅色光彩，就像將所有情感能量都全數散發的青春，歷經開心與難過、憤怒與挫折、歡樂與成就，直到最後一刻都要奮力燃燒。

所以，雖然見過無數的患者，我唯獨對秋陽般年輕的患者更加憐惜。原本應是活力充沛的年紀，卻壓抑著情感，將自己關進憂鬱的牢籠。當代年輕人其實比過去的世代更聰明漂亮，但透過他們訴說的愁苦，我發現許多人都認為自己不幸且不夠優秀，不僅不愛惜自己，甚至把自己批得一文不值。

二十八歲的恩英小姐，是位不折不扣的模範生，工作認真負責，從不拒絕別人的請託，而且永遠負擔最艱難的任務。當大家忙碌時，總會主動跳出來幫忙。不過，因為把許多事都攬在自己身上，她的工作量愈來愈難以負荷，甚至到了不眠不休也做不完的狀態。從去年起，她不知為何突然感到憂鬱與無力；雖然已到了必須將工作分攤出去的臨界點，但恩英仍認為是自己能力不足的問題。最後，她累出病來，不得不向公司請病假，但依然自責沒能將工作做完，甚至動了自殺的念頭。

妳的人生全是他人的待辦事項？

診間裡，恩英用空洞的眼神對我說：「我覺得這世界彷彿充斥著責任，我的人生怎麼全都是待辦事項，在我的人生當中沒有自己。」她總是寬以待人、嚴以律己，為了配合他人要求，寧願犧牲委屈自己，從來都沒有認真正視過自己的情感與感受。不，應該說她一直都很害怕面對內心的自己。

追問其原因，是出自於每晚酒醉後家暴成習的父親，母親也為此備受折磨。當時年紀還小卻是長女的她，每天早上都要幫弟弟妹妹準備便當，晚上則要變身守護媽媽與弟妹的女戰士。無力反抗的母親，視恩英為家中棟梁，稱讚不已。然而其實在她的內心，深藏著埋怨與憤怒的情緒，因為從小必須忍受母親強迫她扮演大人的角色，未曾哭鬧；以及怨恨父親每天把家人推向不安的深淵。但另一方面，她又會因自己對父母的怨恨而感到內疚。潛意識裡深怕憤怒與內疚會一併爆發吞噬家人的她，最後將所有情感徹底封存，不再讓自己有任何感受。只靠著責任感，像機器人一樣過生活，處理堆積如山的待辦事項。

然而人的情緒總有一天會爆發，就像往堵塞的水管裡不斷倒水，一定會溢出。當時沒能表露出來的情緒，日後反而容易引發更大的爆炸；而莫名的緊張與茫然不安，會轉化成沒來由的憤怒，嚴重的話還會演變成身體病症。

恩英之所以會因為壓力與責任感而動了自殺念頭，有著以下種種因素。人們普遍認為，應該壓抑自己的負面情緒才對，畢竟誰想帶著不安、恐懼、擔心、憤怒等負面情緒呢？但其實**人類的情感就像一條通道，如果想避開負面情緒而將情感通道堵住，那麼開心、幸福、歡喜等正面情感就同樣被限制住了**。

美國心理學家亞伯拉罕·馬斯洛（Abraham Maslow，提出「需求層次理論」〔Need-hierarchy theory〕）曾說：「若想逃避心中地獄，就會遠離心中天堂。」恩英正是為了逃避對父母的憤怒與內疚，而變得再也感受不到任何開心與幸福，單純**只剩下充斥著「責任」的人生**。後來我送給恩英一首詩，大衛·格里菲斯（David L. Griffith）所寫的〈力量與勇氣的區別〉（*The Difference Between Strength and Courage*），節錄如下：

為了防禦自我，需要力量
為了脫下防禦姿態，需要勇氣
為了感受他人的痛苦，需要力量
為了面對自己的痛苦，需要勇氣
為了隱藏自己的情感，需要力量
為了表現自己所隱藏的情感，需要勇氣

在她的內心深處，仍舊躲藏著內在小孩，渴望著父母的關愛。如果說過去的恩英，為了掩蓋內在小孩的傷口而用盡力氣，那麼現在就是需要用勇氣面對內在小孩的時候了。想治癒傷口，就必須先正視傷口。恩英必須先承認父母並非她心目中理想的典範，也要體諒父母同樣是受害者，有其無可奈何的苦衷；再加上她在父母面前已不再是沒有力量的孩子，而是完全可以自我療癒的成人。因此，她決定從現在開始，**即便會令他人失望，也要鼓起勇氣過自己的人生**，面對過去壓抑的自我，勇敢表達自己的情感。

她決定從此刻起，學習如何安慰自己以及得到關愛，並與自己約定要努力執行「愛自己」的功課。吃自己喜歡的食物，優先做自己喜歡做的事，選擇自己真正想做的選擇，而非父母會開心的事；並且決定即便只是完成一件小事，也要懂得稱讚自己。同時我向她強調：目前的她已經非常漂亮優秀，所以別再折磨自己了。

用「拒絕」畫出底線，別讓世界欺負妳

有時，看見像恩英一樣乖巧善良的人被欺負，我會憤慨萬分。欺負者永遠會說：「沒有啊，只是拜託她一點事情，如果真的做不到，她可以拒絕啊！就是因為她不拒絕，所以我們才會一直麻煩她，不是嗎？」甚至補上一句：「為了感謝她，我還請她吃飯喔！」一點都不會為此感到抱歉。

像這樣只有單方面的付出犧牲，反而會讓對方視為理所當然。剛開始一、兩次雖然真心感謝對方幫忙，久而久之卻習以為常。我們不能責怪他們，因為問題的根本是出在有人就是願意犧牲付出。不懂拒絕的人會痛苦，因為不好意思拒絕而承接工作，又因責任感不能隨便了事。通常較善良的人只會私下抱怨，「他明知道我在忙，怎麼還好意思開口拜託我呢？我都不好意思拜託人家。」

女兒啊，我認為要停止這種惡性循環的聰明辦法，就是懂得「拒絕」。當然，要能拒絕得漂亮，不是件容易的事，每個人都覺得拒絕別人很難，因為「拒絕」這件事，隱含著不善

且自私的負面印象。

但其實**拒絕是設下一條底線**，告知對方自己能夠允許及不允許的範圍。原本一直都能接受他人請託的人，某天突然設下這樣的界線，一定會令旁人錯愕不已，但無論對方是否會因此而受傷，那都是他們自己必須處理的情緒，而不是我們需要負責的部分。千萬要記得，世界上最疼愛妳、愛惜妳的人，沒有別人，只有妳自己！所以為了自己，就要懂得好好拒絕，拒絕後也希望妳不要太在意別人對妳的看法。

或許被妳拒絕的人，會在背後批評或對妳感到失望，如果真的面臨這樣的情形，不妨想想韓國小說家金勳所說：「當有人刻意中傷時，依然告訴自己，我並不會因為你們說了幾句話就被摧毀，也不會因為稱讚我幾句就變得順遂。所以，隨便你們說吧！我不會因為你們的任何一句話而心情起伏，我只會專注於自己的人生。」每次我看到這段話，心裡就感到無比暢快。

女兒啊，記得要像金勳一樣，不要讓世界欺負妳。真正的自我主義者，是除了走自己的路之外，還要懂得不因他人而造成自己困擾。當妳遭遇他人不當的對待時，切記勇敢面對！因為如果妳不保護自己，就不會有人尊重妳。

Chapter 3

焦慮、空虛、不安，是認真生活的「榮譽勛章」

——關於情緒和工作

人類注定要與不安共存！只要活著，就隱藏著不安，
這是心中發出的「成長訊號」，亦是認真生活的證明。

17

焦慮不安，是「認真生活」的褒章

一位六十二歲的婦人，老公每天賺錢回家，兒女有很好的發展；而她健康無虞、交遊廣闊，積極參與教會活動，過著忙碌的生活。但她每次在我面前，總是憂心忡忡，述說著老公哪些事讓她擔心，小孩哪些事讓她傷神；在教會裡和朋友之間又有什麼問題等……讓她按捺不住心中的煩惱。

「在我看來您沒有任何問題，為什麼要擔心那麼多呢？明明就過得很幸福呀……」

「就是說啊，所以我是幸福的，對吧？」

「是的，您是幸福的。」

「我真的幸福沒錯吼？」

「當然！所以請您別再杞人憂天了。」

女兒啊，妳相信我和她已經重複了三年這樣的對話嗎？至今她還是會為了聽我對她說：「是的，您是幸福的。」而每兩週就跑來找我一次。

成天擔心東擔心西，擔心還沒發生的事，究竟為什麼有那麼多擔憂呢？十幾歲的人擔心進不了大學，二十幾歲的人擔心找不到工作，三十幾歲的人因買房的夢想離自己愈來愈遠而擔憂，四十幾歲的人則是擔心自己隨時可能被公司開除，五十幾歲的人則為退休後的養老生活輾轉難眠。不僅如此，飲食、天災、教育、性暴力等需要擔心的事不勝枚舉，但因為沒有一個明確的解決對策，所以更加令人憂心忡忡。

沒有人可從焦慮中獲得自由

我們的生活似乎沉溺在這份焦慮不安中，沒人能預測自己的未來，所以就靠算命咖啡店和保險填補這個心靈缺口。雖然，保險原是為了不知何時發生的事故或病痛所準備的安全網，但近期推出的保險廣告，不禁讓人覺得過於誇張地助長民眾不安情緒。或許正因如此，韓國的投保率有不斷增加的趨勢。算命咖啡廳亦然，根據統計調查，包含算命咖啡廳的整體算命市場規模高達二至三兆韓元（約新台幣五百五十至八百二十億元），光是算命師就已突破四十五萬人。

曾到訪韓國的瑞士作家艾倫．狄波頓（Alain de Botton），曾在著作《我愛身分地位》（*Status Anxiety*）中提及：「不安是現代的欲望女傭。」傳統社會缺乏物質而貧困，家庭背景往往能決定一個人的身分，所以不是非常公平。農民與貴族的區別，單純只因「種子」不同，所以貴族有貴族的生活，農民有農民的生活。這樣的結果雖然使生活困苦，心靈卻是平和的。然而，在現今強調所有事物都應平等的社會裡，普遍認為地位、成就、年薪都操之在己，如果沒有成功爬上高位，就歸咎於個人不夠努力。但職場上高階職缺並不多，要爭奪那個位置，就必須打敗多位競爭者，因此不斷地將自己與競爭者比較。

有位大五的男學生曾說：「之所以累積這麼多的經歷還是會焦慮，是因自己猜想別人同樣累積了許多經歷的關係，為了超前他人，還要累積更多。」至今我依然無法忘記，他在說完這些話後嘆氣的表情。這讓我想起一位患者，不曉得她最近過得怎麼樣？恩熙小姐在大學最後一學期申請國外留學，回來後有陣子在網咖打工，偶然從臉書（Facebook）上得知原本以為前途不如自己的朋友，竟然在西班牙留學，過著幸福快樂的日子。

「我呢，光看點燃的煙霧就知道是哪個牌子的菸，在暗處猜著客人的香菸品牌時，而那位朋友卻在享受她的青春到處遊玩。」她認為到二十五歲左右就應該和二十歲有些不一樣，但回首過往，竟發現自己沒有什麼確切的成績而感到憂鬱。更沒想到親眼目睹原本比自己條件差的朋友，卻過著比自己更好的生活，更加突顯自己的狼狽不堪。

比起沒有成果、年紀大卻沒有絲毫進步的人生，真正讓她感到痛苦的是來自與朋友的比較。「沒能超越其他人就算了，竟然還落後於人，我究竟在這裡幹嘛？」恩熙難以承受突如其來的焦慮。

焦慮是一種沉重的存在，當妳感受到焦慮時，肌肉會瞬間變得緊張，心跳加速並感到頭暈，因此任何人都想從焦慮中掙脫。但只要認真努力爭取到自己想要的東西，焦慮感就會消失嗎？心理學家卡倫．荷妮表示，**人類注定要與不安共存**，只要活著，內心一角就一定隱藏著不安的情緒。

別推開「焦慮」訊號，傾聽內心

丹麥哲學家齊克果（Søren Aabye Kierkegaard）曾說：「焦慮會使人麻痺，也會使人進步，有無限的可能性。」我個人也這麼認為，因為就結果論，有時焦慮的情緒反而對我們有幫助。焦慮情緒中有種「訊號焦慮」（signal anxiety），會預先通知我們即將發生危險。因為人們必須在一定程度的緊張與焦慮狀態下，才有守護自我的本能。就像開車，如果不擔心發生事故，就不可能小心駕駛。同樣地，就是因為焦慮才會熟讀考試科目；擔心出錯，下決定時才會經過一番深思熟慮。

除此之外，《物種起源》（*The Origin of Species*）作者達爾文（Charles Robert Darwin），《浮士德》（*Faust*）作者歌德（Johann Wolfgang Von Goethe），德國劇作家貝托爾特．布萊希特（Bertolt Brecht），《等待果陀》（*Waiting for Godot*）作者貝克特（Samuel Beckett），

《變形記》（*Die Verwandlung*）作者卡夫卡（Franz Kafka）……這些人的共通點是什麼呢？他們都有焦慮障礙。

焦慮提高了他們的創造力與想像力，使他們得以發揮最佳能力，最終誕生出偉大的作品。因此，當焦慮找上門時不用太擔心，也不必想「為什麼其他人好像都過得很好，只有我這麼焦慮？」而畏縮，只要不是太嚴重的病態焦慮，**適度的緊張反而是渴望成長的訊號**。

當然，如果已經嚴重焦慮到無法做任何事時，就必須積極處理。安撫焦慮的最佳方式，莫過於找事情做。「最近因為太忙，導致沒有空理其他事情。」只要變得忙碌，就必須專注於解決眼前的事，雜念便會自動消失。

此外，不一定要和他人比較，我們可以跟自己比，只要比昨天進步一點點，那便是很棒的成就。像這樣的觀點也是安撫焦慮的好方法，將關注的對象轉移到自己後，就會將「我」想成是完整的個體。即便有些地方比上不足，但也可能發現自己過人之處，**找回對自我評價的平衡，不會輕易與他人比較而信心動搖**。

美國分析哲學家湯瑪斯．內格爾（Thomas Nagel）曾說：「能讓人生擁有巨大意義的方法有百百種，但問題是沒有解讀整體人生意義的方法。成功與失敗、奮鬥與失望，都不過是整體人生的一小部分罷了。」我們之所以會因他人的幸福、一時的關心、得不到的欲望等忽喜忽憂，就是因為沒有找到自己人生整體的意義。即便因小事而信心動搖，也要具備整體性的「我」，這艘船才得以在風浪中不被擊沉。

最後，如果那些焦慮的事，實在無法靠自己的力量化解，不如就將它從腦海中抹去吧！我們所擔心的大都是解決不了的問題，但人生活著已經夠辛苦，若要再背負那些焦慮過生活，確實是一大折磨。所以，若可以簡單處理就盡快解決，處理不掉的就暫時拋諸腦後吧。

其實比起不斷說著自己好焦慮的人，我更擔心察覺不到自己焦慮的人。通常罹患憂鬱症的患者，最愛說的一句話就是「我一點也不好奇自己的未來」。正因沒有明確活著的理由，才不會有欲望；因為沒有欲望所以不會焦慮，但往往這種時候腦中就會開始浮現自殺的念頭。因此我認為，**人類的欲望其實是一種力量，賦予自己不斷生存下去的動力**。

感到焦慮時，與其將那樣的訊號推開，不如好好傾聽自己的心聲，因為焦慮不安是心中發出想要成長的訊號，同樣是認真生活的證明。

18

別靠臉書、網路社群，填滿空虛的心靈

女兒啊，我記得妳曾問我，知不知道「Twitter bot」（編按：Twitter，中文譯名為「推特」，提供社群網路與微網誌服務；而 Twitter bot 就是由程式寫成的「機器人帳號」）？

原來，取自機器人 robot 的 bot，可傳遞安慰或加油打氣的訊息，還可以假扮某個特定角色，就像真的有人回覆妳。像女友 bot 就會傳送「親愛的，你在幹嘛？」家人 bot 則傳「我永遠站在你這邊。」嘮叨 bot 會傳「有感冒症狀就趕緊去看醫生吧！」等各種符合角色的訊息。雖然都不是真實的女友或家人，但將這些角色講的話傳給需要的對象，也是社群網路服務的一種。

妳說，「其他機器人我都能理解，但唯獨嘮叨機器人我完全不懂，活到現在不知聽過多少嘮叨了，難道還聽不膩嗎？」我心裡不禁笑了。「妳是故意說給媽媽聽的吧？等著看吧，以後妳就會懷念那些嘮叨了。」

幾天後，我讀到一篇新聞，出乎意料地，透過 Twitter bot 獲得心理安慰的人竟不在少數，即便每天生活繁忙難以天天見面，仍然有手機、電子信箱、即時通、臉書、推特（Twitter）等各種溝通窗口可以彼此問候，為什麼人們還是會如此孤單到需要機器人帳號給予安慰呢？

沒人「按讚」讓妳感到失落嗎？

智慧型手機與社群網路，大幅改變人們締結人際關係的方式。有一項針對韓國臉書用戶進行的調查發現，每人平均臉書好友有三百三十一人，現實中真實交往的朋友卻只有二十四人。因好友超過三百名，只要打開網路，就會湧入大量訊息與照片，可說是「關係爆炸」的世界。在社群網路裡很容易交朋友，有別於現實中必須見面相處的朋友關係。在臉書只要靠一些表情符號就能傳遞感情，在適當的時機就能停止對話，不想聊天時甚至可以隱藏自己。在不強求要展露自己的網路世界裡，交朋友彷彿就像是沒有苦味的蜜糖。

在社群網路上，經常可見到網友隱藏自己不滿意的地方，只展露有自信的部分，創造出「理想自我」，經營自己在他人心目中的形象。根據英國的調查機構 One Poll 表示，有二五％的女性，每個月會在臉書或推特上對自己的生活發表誇大不實的內容。為了向他人展示「我過得非常好」，而將喜好、知識、人脈等誇大包裝；大多分享漂亮的旅行照片或高級餐廳用餐等經驗，並徹底隱藏自己平淡狼狽的那一面。

據說最近對社群網路感到厭倦，想要保持距離讓自己不要中毒太深的人愈來愈多，但即便人們對於「線上」膚淺的人際關係疲乏，卻仍對自己的文章不太有人按讚或留言感到孤單。另外，也有人會因為在臉書上看見他人亮眼成就而感到挫折，並因為自己想仿效上傳那種形象而感到壓力。

人們欣賞湖面上悠哉的天鵝，只見牠高雅悠閒的模樣，卻沒看見湖面下拚命划水的雙蹼多麼辛勤。我們也是如此，在社群平台上永遠展現自己最佳狀態，但「線下」認真勞動的人生卻被刻意隱藏；雖然會互相按讚，但絕不會輕易呈現其相反的一面。或許人們的孤單，正從此悄悄開始。

不想受傷的人，注定孤獨

對於二十六歲的美善小姐來說，網路世界是無法分離的第二個家，好友評價對她來說更像棉被般溫暖。「好友評價是專屬於我的，所以只要有好友對我做出評價，那天晚上就會睡得特別好，就像蓋著新買的棉被。您應該了解，睡不著時只要蓋上新棉被，不知怎麼地就特別好睡。」

小時候原本在母親懷裡吃睡的孩子，到了某個階段以後，就面臨離開母親懷抱學習獨立的時期。雖然棉被與枕頭會隨著成長而更換大小，但在這階段中，也會面臨內心其實還想被照顧，卻要成為照顧他人的大人而產生的心理拉扯。**即便成了大人，心中也有個想要被呵護的小孩**。

美善進入大學後，心理折磨又更嚴重了。她原本以為，只要上大學就會自動談戀愛、交朋友，如春去秋來般自然，但她不僅沒結交到任何知心好友，甚至淪為孤單的無聊大學生，連朋友關係也要靠努力來建立。在她過著孤獨的大學生活時，便將重心全擺在好友評價這件事上。她向教友及前輩們一一發出訊息，請他們幫忙寫好友評價，並因為覺得「好多人在我身邊」而找到自己的價值。

但為何她會在診療室裡哭得那麼悲傷呢？好友評價或許可以為她帶來一時的安慰，卻無法填滿心中最根本的孤寂。

網路人際關係像一本小說，發表在個人網頁上的相簿及貼文，都只是她希望呈現給別人的樣子。有留言時，會感受到備受矚目的聚光燈效果，但朋友私下見面的機會反而更少，因為愈是在網路上打造出完美形象的人，真正見面時的失望機率就愈大。所以對直接見面聊天感到尷尬，但又想保持聯絡的人，在網路上反而更能釋出善意。而美善就在留言愈多的情況下，更下意識體會到這層微妙的情感。

研究科學技術與人際關係的心理學家雪莉・特克（Sherry Turkle）在著作《在一起孤獨》（*Alone Together*）中提到，自我陶醉型的人更適合社群媒體。她認為這些人並非因自戀而自愛，而是因人格太脆弱所以需要持續不斷的後盾作為有力支撐。他們無法承受別人的複雜要求，只願意經營自己所需要的人脈。當A朋友沒有回應時，只要馬上和B朋友聯絡即可。當無法確保內在自我時，就會開始想辦法爭取周遭人士的認同，而在網路世界裡更能輕而易舉滿足這項需求。

美善同樣有著容易受傷的內在自我，若要與某人維持親密關係，就代表中間一定會產生許多摩擦，但她沒有自信戰勝那些傷痛。這就是為什麼比起實際見面相處的人際關係，她更喜歡虛擬世界裡溫暖的好友評價原因。

女兒啊，想想過去支持妳的那些人，妳與他們絕對不會只有甜蜜美好的回憶，反而很多時候正是因為一起克服辛苦的挑戰才變得更要好。然而在網路世界裡，卻會徹底忽略人際關係中必要的內省過程。雖然，看到正面留言或追蹤人數增加時，會覺得自己好像被關注了，但相反地，一旦出現負面意見就會帶來極大傷害，最後只會不斷累積看了會心情好卻空虛的言語，並留下永遠填不滿的孤獨。

所以別想靠臉書或推特獲得安慰，就像人類離開自然界就無法生存，人際關係亦然。如果**少了接觸，就不可能深入**。

想要結交真正親密的朋友，記得**展現出最真實的自己**，有時候也要懂得展現自己的缺點。就如同妳在網路世界裡會有不想公開的一面，別忘了其他人一定和妳有著相同理由而感到寂寞，所以在拿出手機瀏覽好友的最新動態前，不妨先打一通電話問問他們：「吃飯了沒？」「身體還好嗎？」「最近有沒有發生什麼事？」或許我們在真實生活中最渴望聽見的，是那些在網路上早已制式化的基本問候也不一定。

19

守護愛情的信號燈——妳的性愛定義

雖說時代已經愈來愈自由開放，但能夠坦誠討論性議題的母女，好像還不多。在診療室裡見過多位因性議題而前來諮詢的女性後，我才意識到原來性愛這件事是每個人都一定要思考的問題，所以我決定和妳聊聊。

最近二十世代女性會毫不掩飾地對我傾訴性愛議題，「我正在戀愛中，醫生您認為我在什麼時候把身體交給對方比較好呢？」每當遇到這樣的問題，我的回答永遠只有一個，「當妳身體和心理都準備好時。」此外，我也會叮囑她們對於性愛一定要有自己的定義。

從電影《慾望城市》（*Sex and the City*）中四位女主角的身上就可以看見，每個人對性愛都有不同的定義。夏綠蒂（Charlotte York）對決定與老公分隔兩地的凱莉（Carrie Bradshaw）說：「怎麼能分開生活？結婚就是每天都要有床上互動啊！」對她來說，性愛是維持夫妻關係的方法，能夠創建專屬兩人宇宙的月蝕。反之，開放的莎曼珊（Samantha Jones）則說，「女人能夠駕馭男人的最佳空間就是床上。」對她來說，性愛是可以鞏固自己價值的活動。就像夏綠蒂有她的愛情觀，莎曼珊也有她的性愛觀，我們同樣必須有自己對愛及性的定義。

不斷想要的男人，還不確定的女人

親密與性愛，究竟是必要條件還是可以各別拆開看待呢？女人都認為，性愛是一件只能與愛人進行的事，因為先有愛才能發生性行為；但對男生來說，性與愛是可以分開來的，即便不愛對方也可以有性。通常主導性關係的多半是男性，男人自然會找到性愛的主體性，但女人往往處於等男人提議後被動決定的立場，所以較難找到主體性。因此，尤其是女人，更要留一些時間讓自己整理對於性愛的想法。

對某項價值或行為下定義是為了確保主體性，特別是當妳對性愛有了定義後，若面臨到相關問題時就會有所幫助。就像是守護愛情的信號燈，紅燈亮起時即便對方想要，我們也能懂得拒絕；綠燈亮時彼此分享愛；黃燈時則等待變換到下一個信號燈亮為止。如果不能像這樣設立一條標準線，就很容易在事後產生不必要的自責或不安。

潤兒小姐也是位需要對性愛自我定義的女性。二十六歲的她最近陷入煩惱，透過表姊介紹，她認識了一位研究員。雖然性格有些剛硬，但仍覺得對方很有男子氣概，也很滿意他那高大的身軀。

但交往兩個月後，她卻忍受著辛苦難耐的日子。因為她到現在還不太確定彼此關係，但男友卻積極展開愛情攻勢。從來沒有過性經驗的她，有著如果不是結婚對象就不能發生性關係的觀念，但男友卻對她說：「妳怎麼像個學生一樣？」「我又不是什麼痴漢。」不斷施予壓力，最後甚至說出：「其實妳並不愛我。」這樣的話。顯然男友對於發生親密行為是任性的，其實不發生性關係並非不愛他，而是女方為了正確地好好愛對方。潤兒到底該如何處理這項問題呢？

我相信，有許多女性像她一樣，有著「面對想要有快速進展的男人，究竟該怎麼做才對？」的困擾。談感情也要懂得運用智慧，首先必須認清：男人與女人從生物學角度來看，對於性愛的知覺截然不同的事實。

為愛獻身的意義，每個人皆不同

美國神經心理醫師露安・布哲婷（Louann Brizendine），在《女人的大腦很那個……》

（*The Female Brain*）一書中寫道，比較男女與性衝動相關的大腦部位後發現，男性比女性要大上二・五倍。如果在男女對話的情況下，掃描兩人的大腦，就會出現一項有趣的現象。在男人的大腦裡，掌管快樂與獎賞的「伏隔核」（nucleus accumbens）會顯示受到刺激，然而女性的大腦卻沒有任何反應。這是因為男人會將交談也認知成潛在接觸，但女性則單純認知成對話。也因此，只要有心愛的女子站在自己面前，男人的伏隔核就會更加活躍。

不過，我們不能因此將男性無分別的性衝動以「生物學」之名賦予免責權，潤兒男友的問題就出在單方面不斷求愛，反而忽略心愛女子的感受，並且缺乏尊重。

女人比男人還難開口說出自己愛上對方，對於性關係更是極度小心。因為從生物學來看，男人進行性愛的主要目的是滿足自己並延續子孫；但對女人來說，性愛是為了尋找能夠堅守家庭的男人所用的手段。這也是為什麼男人比女人更容易一見鍾情，而女性則更專注於對方是否能夠守護自己一輩子，這是祖先代代傳承下來的潛意識，正因這些原因，使得女性很難沉浸在性行為中或感到愉悅。

潤兒的男友提到，「如果不願意就表示不愛我。」這句話可以不必聽進心裡，對於性關係謹慎是女性的本能，就如同男人的性愛本能，都是需要被尊重的。尤其是她有著如果對方不是結婚對象，就不會想要發生性關係的信念，如果沒有遵守，她反而會因那些不必要的自責使自己更加痛苦，所以我很贊同潤兒繼續堅持她個人對性愛的哲學。

如果打開心房比發生關係還難

潤兒因不希望發生關係而苦惱，閔珠小姐則恰好相反，她是對自己太輕易允許對方而感到自責。

閔珠說：「我很害怕被攤在陽光下，如果有一個人非常了解我，我會覺得自己好像會瓦解。」對她來說，比起在男友面前赤裸，更害怕自己的心被對方看穿。要是與某人走太近，展露出自己最真實的那一面，她便深怕對方會對自己失望而離開。為了撲滅心中這樣的不安感，她才會輕易與另一半發生關係。

性愛其實並非單純的性行為，性愛是溝通的管道也是關係的種類之一。但有些人會像閔珠一樣，將想要被疼愛的口腔期欲望與性慾合而為一，當成套牢對方的手段；或者為了填補情緒空缺與依賴而屈服於性愛。這種人看似沉溺於性愛，其實他們非常執著於與愛人的關係，但偏偏總是以失敗收場而痛苦萬分。

為愛所苦而來到診療室的那些女性，有一項共同點，追溯傷口的根源都來自於她們的母親。原來女性嫌惡性愛與否，是與過去和媽媽之間的關係所產生的心理傷害有關。閔珠也是如此，在她小時候必須懂得對心情起伏很大的母親察言觀色，也得忍受母親的辱罵與體罰，導致她畏懼與他人親密的內在心理。像這樣對於性愛無防線，卻無法真心相對的心理障礙，也來自於關係不良。

英國發展心理學家約翰・鮑比（John Bowlby，提出依附理論〔attachment theory〕）曾說，**我們長大成人以後所構築的人際關係，受幼兒時期影響很深**。照顧初生嬰兒的通常是媽媽，媽媽與小孩之間的互動，讓小孩建構起對於愛的模型，長大以後則會依循那樣的模型建構人際關係。此時，如果從小媽媽給予足夠的安撫與信賴，小孩就會擁有安全依附型反應；反之，沒有被這樣對待的小朋友，則會以焦慮矛盾或逃避的方式展現依附行為。

在閔珠內心深處住著一個必須觀察母親情緒、焦慮不安的小孩，雖然身體已經長大，內心依然焦慮不堪，我每次看著這樣的閔珠，都感到非常惋惜。

愈正面看待自己的妳，愈能和他人建立關係

妳是否知道一位法國小說家巴斯卡・雷內（Pascal Laine），他將荷蘭畫家揚・維梅爾（Jan Vermeer）的畫作標題，取做自己的小說書名——《編織的女孩》（*La dentelliere*）。故事中女主角與男主角墜入愛河甚至同居，最後卻因身分差距及溝通問題導致分手，小說裡出現他們爭吵的場面，「她每晚都會不疾不徐地將衣服緩緩脫下，並將褲子整齊摺好掛在椅背上。」或許有些人會認為自己在床上主動脫衣服太唐突，但我卻從這位女主角身上看見閔珠

心中的那位小孩。

在愛人面前，而且是第一次經歷的性愛關係，竟是自己主動將衣服脫下，這究竟是什麼樣的心理呢？會不會是內心中的焦慮小孩叫她這樣做的呢？小說女主角的母親，同樣也是聽從男人指示奉獻身體的女性；女主角對於那樣的母親不能有任何反抗，從出生就從未感受過「我是值得被人無限疼愛的存在」。所以即使她遇到被愛的機會，也只會不斷將自己塑造成別人渴望的對象。

我們周遭同樣有許多這樣的女孩，像閔珠就是。要是有一位能夠真心給予溫暖擁抱的戀人，或許比起脫去衣服，她應該會想從對話開始。要是她知道其實對方並非只貪圖她的身體，而是對她的興趣、朋友、學生時代、收在抽屜裡的過去回憶都有興趣的話，結果又會如何呢？

我建議閔珠每天為自己寫日記。如果今天用便宜價格買到昂貴物品，就可以寫一篇稱讚自己的日記；如果因男友傳來的簡訊而開心，那種只有被愛的女人才能感受到的幸福，也可以當作日記主題。先懂得照顧自己，養成關注、傾聽、觸摸自己人生的習慣，自尊心也會自然提升。

愈是能夠正面看待自己、尊重自己的人，與他人建立關係的能力愈相對穩定。即便找上自己的愛情並不完整，也要懂得開心面對這樣的事實，就像相信自己一樣，我們也要相信愛情。所以，比起要不要與對方有性愛關係，更重要的是要懂得愛惜自己，進一步建構出自己的性愛哲學。這樣一來，才能與心愛的人完成健康的性行為，不再被動經營愛情。

出於義務而進行的性行為、因為男人需要而進行的性行為，不如不要。不論在何種情況下，都**不該將自己擺在為他人奉獻的位置**，而要自己真正願意且開心進行才行。這些是我想對所有為性愛所苦的女兒們所說的話。

20

成功女性，必先洞悉規則、成敗、競技場

近幾年媒體不斷報導，韓國女性地位有逐漸升高的趨勢。在二十世代經濟活動人口比例中，女性已超越男性，司法研修院的女性比例，年年創下新高；原本女性止步的軍隊與警察組織，參與的女性也有不斷增加的趨勢，甚至誕生了韓國史上第一位女總統。

每當我聽到女性在社會各領域發揮所長的消息時，累積在我心中的沉悶感便會煙消雲散。正因過去許多女性在自己的崗位上辛苦奮鬥，才會有更多女性晚輩在各領域展現過人的成就，為此我感到非常欣慰。

三十三年前，我第一天出社會時，女性上班族還不太普遍，女醫師也非常少。尤其是生完孩子還繼續工作的女性，更是少之又少。韓國過往社會認為女性不比男性優秀，不適合職場工作，男女性別歧視更是被視為理所當然，因此我投身醫院也經歷

不少挫折。從懷孕時就要不斷看人臉色，懷胎十月心裡飽受煎熬，不僅沒辦法放育嬰假，產假也只休了三週。在身心都尚未調理好的狀態下，還得拋下啼哭不停的妳上班，那種心情真的只能用噩夢來形容。

「模範生」的聰明女人最後去哪了？

在我咬牙苦撐後，轉眼間自己已成了面試新人的面試官。為了不再讓自己過去受到的差別待遇重演，我決心要給更多女性機會。但後來發現是我多慮了，因為開始面試後，許多女性展現出口齒清晰、優秀表達、快速機靈的溝通水準，反觀男性卻讓我悶得要死，就連一同參與的男性面試官也同樣感嘆，原本想錄取男性，卻發現他們比不上其他女性面試者。

然而在面試成績上表現比男性出色的年輕女性們，現在究竟到哪去了呢？不只是醫院，為什麼企業的女性職員少之又少，成功的女領導人更是罕見？根據調查，韓國企業裡的女性領導者比率，中階主管占二％，理事占一％，執行長則根本不到一％。即便如今已是女性意識抬頭的時代，但仍有這種職場男女比例，專家認為仍舊是男女差別待遇所引起。

就算累積豐富經歷進入好公司，在升遷的過程中仍是輸給男同事。雖然在工作上一直被誇讚做事細心、聰明，但當自己撞上那扇看不見的玻璃天花板時，無奈的自責會壓得這些女性喘不過氣，等於要她們眼睜睜看著比自己能力差的男同事，更快跑在升遷的跑道上，令人無言以對。再加上女性有著無法拋棄的家庭與育兒角色，所以職業婦女要面臨的心理、社會議題，絕對是女性前進的一大阻礙。這是韓國社會必須一同解決的問題，但我認為並非單純只有這一項原因。

曾經有一位大企業的男性職員說，如果組織裡的女性比率超過三〇%，就會形同「互助會」（譯按：多為韓國婦女們之間的小額信貸活動）。他的理由是女人較不會公私分明，靠感覺行事，比起組織更以個人為優先。雖然當下聽他這樣評論，感到怒火中燒很想反駁，但又不禁讓我想到，或許有些地方的確是女性所忽略的事實。

CNN前任副總裁蓋兒．伊雯斯（Gail Evans），在其著作《妳的成功遊戲書》（*Play Like a Man, Win Like a Woman*）一書中提到，「女人所擅長的遊戲是扮演『模範生』，即使在必須學習商場之道的今天，女人依然執著於模範生這個遊戲。結果就是女性會抱著唯有征服自己所負責的工作，才能位居人前的信念投入職場，所以只要是為了負責的工作，就會願意蒐集相關資料、彙整等，進行所有需要事項。」

但這樣的模範生特質最終只會成為女性前途發展的絆腳石，**世界上沒有人能做好所有事**。此時，男性同仁就會發揮他們的騙子特質，假裝自己很懂。當他們需要假裝自己很了解時，隨時都會扮演好那樣的角色，並盡可能挖來更多所需資料，於是地位跟著逐漸攀高。反觀不想成為騙子的模範生女性職員，並不懂得如何「裝懂」，但她們會為了正確理解而認真做功課，所以在這樣的過程中，女性職員早已被其他男同事超前卻渾然不知。

在這裡很重要的一點是，如果不想再落後於人，至少從現在開始，女人也應該學習商場之道。那麼究竟聰明女人不知道、但所有男人都知道的組織規則，到底是什麼呢？

男人與女人建構的組織規則

從出生一開始，男女就是完全不同的結構。如果說女生是關係中心的話，男生則是屬於攻擊性且支配中心。根據美國神經心理醫師露安·布哲婷的說法，男嬰在母親體內成長八週後，便開始受男性荷爾蒙睪固酮的影響，發展出男性該具備的樣貌。睪固酮會將中樞神經系統裡和溝通有關的細胞殺死，並強化與性和攻擊相關的細胞；相反地，沒有受到睪固酮影響的女嬰，腦部負責溝通與情緒面的部分相對較大，所以比較感性及情緒化。

男孩與女孩隨著年齡增長，更會突顯這方面的差異。男孩從小喜歡玩彈珠、打棒球、踢足球等競爭遊戲，與朋友打打鬧鬧，為了在遊戲中奪下勝利，他們創造組織與位階秩序。若有衝突就訂定規則，自然練就一身解決問題的能力。女孩則喜歡玩娃娃、扮家家酒，比起競爭更常玩人際關係養成的遊戲。正因為不太需要激烈競爭的遊戲也不需規則；如果有衝突，也會透過中間人和解而非透過指示或強迫。

男人在職場上，也會以相似於小時候玩樂的方式投入，就像運動比賽，他們認為公司組織裡也有規則、成敗、競技場，規則是無論任何情況都不能變更的。而面對規則的態度男女也不同，我過去就親身經歷過那樣的差別。

在大型精神醫院裡，男性病房與女性病房分別在不同棟，各聚集數十位患者集體生活。治療的其中一環是患者們必須自行選出代表並舉行會議，在男性病房大樓裡看似沒有秩序，但只要選出領導者，就會認定他為代表並聽從。反觀女性病房大樓，即使有訂定代表，也經常出現視情況而不願服從的情形，因為女性認為，無論規則怎麼定，只要有人被忽略，就必須更改規則才對。而男性則認為規則就是要遵守，如果產生問題，也要先固守規則，並找尋其他補救辦法。

男性認為遊戲必定有輸贏，商場上亦然，權謀術數也會在遵守規則的限度下進行，為求勝利而努力。一旦離開競技場，敵對的關係就此結束，就像比賽完的足球選手會在最後一起走下場；即便在談判桌上大聲爭吵，下了談判桌大家還是可以當朋友。因為他們清楚明白，談判桌上的所有敵對行為，都只是比賽的一部分而已。

只要能夠理解這場如生存遊戲的商場，女人也會輕鬆明白職場的遊戲規則。在她們眼裡，等待男人指示、撒嬌、應酬等工作外的事情，是很不公平的；但站在男人的立場，為了能在組織內奪下勝利，這些都是有效活動，就像棒球選手為了當上先發投手而想盡辦法在教練面前力求表現，**讓自己擅長的事情被別人看見同樣是一項重要能力**。

反之，男性在人際關係層面卻稍顯不足，也較不會意識到為了讓組織妥善運作，自己究竟該在什麼時候做什麼事，雖然他們工作能力強、也很會表達，但當面臨必須為了大局犧牲自己時，他們就會自動退出。如果說男人在組織內對秩序、位階有高敏銳度，女人則更善於人際關係的溝通。但這樣的差異，在組織內也很容易造成彼此的誤會。

因此，我會對女性晚輩們建議，當妳在公司遇到問題時，不妨站在男人的立場想想，比對上述的規則、成敗、競技場，如果是規則性的問題就別執著於想改變規則，不如發揮妳的變通性。如果太多應酬使妳疲憊不堪，就將應酬視為公司的重要規則之一，別將應酬視為問題，想辦法思考以什麼方式應酬才能讓自己比較舒坦。若是關於成敗，就用正當的方式贏過對方，不必感到任何愧歉。最後，只要是與公司這個競技場上的比賽沒有直接關聯的事，切記很有可能會被認為是不重要的事。

別以聰明取勝，結伴同行才能長久

據說未來只要是兼具男女性領導特質者，在職場上會很吃香。一方面是有效且具組織思考力的男性特質，另一方面又是擅長溝通協調的女性特質，這兩種特質集於一身，會發揮更強大的力量。所以，女性也有必要學習男性文化的優點。

此外，不論有無結婚或生小孩，未來還是會工作一輩子，因此，除了在工作上成為專業人士外，理解組織運作並與同事良性競爭也是非常重要的一件事。

在此，我有句話必須提醒妳，若要在公司裡成功，絕對別以自己個人的「聰明」來取勝。公司之所以茁壯發展，並非因為個人的聰明才智，而是因公司上下齊心協力成為一體，才得以運作良好產出不斷。因此，即使自己比其他人聰明，也不應過度展示，而應將聰明運用在組織合作使其發揮極大效益。

真正有智慧的人，永遠都會展現自己仍有二%的不足，但內心卻非常堅強。他們的外表不具任何攻擊性，比較不容易使對方感到緊張或引起戒心，並藉此隨和形象，將更多人拉攏成自己強而有力的後盾。

女兒啊，媽希望妳如果真的想成功，最好和其他人結伴同行。比起努力施展自己的聰明才智，我更希望妳可以成為思考如何與他人共同跨步邁進的人。雖然和大家一同前行會很辛苦，但一定要相信自己，這樣才會走得更長更久。

21

生存的力量——妳如何將既有特質發揮極致

「媽，性格內向不好嗎？」

「怎麼啦？」

「沒有，只是有個朋友為這件事很苦惱。她個性比較內向，害怕站在眾人面前，交不到什麼朋友，但其實我很羨慕她可以如此安靜沉穩……。」

當然，一定有人會羨慕內向性格，但多數人都想成為外向的人。

每年新學期開始，許多大學生就會跑來諮詢這方面的問題。他們在面對個人課業時，往往可以非常專注投入且完美達成，但只要站在眾人面前，就會被緊張與壓力搞得不堪負荷。因分組報告而焦慮到想休學的學生也不在少數，內向的他們，看著積極外向的朋友，感到自己彷彿被世界孤立。因而想要改變自己的性格，畢竟未來還是要去面試、過職場生活，內向性格總像顆絆腳石阻礙自己的前途。

我們活在提倡外向、重社交的社會氛圍裡，在這快速變遷的時代，無論何事都要能快速吸收，高度重視一個人的適應能力。此外，與人相處的時間變得非常短暫，所以能在短時間內展現自我技能也變成必備能力。因此，性格內向的人容易被拿來和口才好、有主見的人做比較，並被認定是有問題的。正因為這樣的社會觀念，使得內向的人往往被歸類為適應不良的一群，而且有八成的內向者會為了竭盡所能不要過於內向而飽受壓力，這樣的事實也使我真心感到惋惜。

內向安靜的積極力量

一般認為，內向的人容易感到臉紅害羞，是因為對他人「如何看待自己」感到擔心，並且因太過在意而痛苦。害羞其實包含自戀，彷彿自己是站在舞台上的主角，其他人則是雙眼緊盯自己的觀眾，某種程度上反映出自認為是別人眼中的重要人物。

但是通常人們會專注在事情上，而非人身上。假設今天有個人昏倒了，人們可能會看一下發生什麼事，但只是一時，他們可以在一分鐘內忘記，再度埋首於手邊的事。此外，站在人們面前，任誰都會心跳加快、手心冒汗，這都屬於自然的害羞現象。即便看起來很熟練且充滿自信的人，也要透過不斷練習，克服心中的害羞與恐懼。

害羞其實是任何人都會有的情緒，但內向者格外容易展現出這樣的性格。瑞士心理學家卡爾・榮格（Carl Gustav Jung）認為，人類的行為雖然看似多變且摸不著頭緒，但其實有著極為一貫的傾向，這樣的傾向被稱為性格與特質。他將特質分成內向與外向，內向的人喜歡全神貫注在自己身上，較安靜，在有限的空間下將能力發揮極大化，慎重且速度緩慢。外向的人則享受強烈刺激，喜歡融入人群中，做決定也非常迅速，擅長降低風險。

全世界有三分之一的人口為內向人士，然而這世界上並沒有百分之百完全外向或內向的人，每個人都處於內外向之間。

童年埋首書堆，放學後因為害怕別人找他講話而直奔回家，青年時成為素食團體領袖，也因太害羞而不擅表達，這是偉大的靈魂——甘地的故事。美國暢銷書籍《安靜，就是力量》（*Quiet*）的作者——蘇珊・坎恩（Susan Cain）也是內向的人，她在九歲時參加人生第一場夏令營，母親在她的書包裡放了滿滿的書，因為每天晚上全家人會聚在一起看書，對她來說看書是理所當然的事。但當她去夏令營拿出書本時，老師卻用擔心的眼神對她說：「應該去找朋友一起玩啊。」

她才意識到，「啊，原來大家不喜歡內向的人。」從那時起，她決心要成為外向性格的人。從哈佛大學法學院畢業後，她成為華爾街企業辯護律師，並以談判專家成名。但據說她在中年才領悟到，原來內向性格的偉大力量是她今日成就的根源。最後她離開華爾街，在七年的研究下，寫出一本說明內向性格力量的書籍。

蘇珊·坎恩在《安靜，就是力量》中介紹多位具有內向特質，最後卻獲得成功的人士。她認為，對於追求強烈刺激的外向型人來說，孤獨是一種痛苦，但對於內向型的人來說，孤獨是空氣般不可或缺的重要存在。而且**世界上最有創意的人，都深入自己的內心世界，從那裡找出寶物**。

發現地心引力的牛頓（Isaac Newton）、提出相對論的愛因斯坦（Albert Einstein）、蘋果共同創辦人沃茲尼克（Stephen Gary Wozniak）、世紀電影大導演史蒂芬·史匹柏（Steven Allan Spielberg）、《一九八四》（*Nineteen Eighty-Four*）作者喬治·歐威爾（George Orwell）等都是非常好的案例。

比起發言，他們更喜歡聆聽；比起參加派對，更熱愛閱讀；比起團體合作，更享受一個人躲在自己的空間裡做事。

很多人認為內向的人較擅長個人活動，不能成為一位領導者，但這只是偏見罷了。美國總統歐巴馬（Barack Hussein Obama）、微軟創辦人比爾·蓋茲（William Henry Gates III）、股神巴菲特（Warren Edward Buffett）都是典型的內向型領導人代表。他們之所以能成為領導者，是因為他們懂得回頭檢視自己、思慮深遠、慎重下決定。所以說內向只是性格特質的一種面貌，絕非哪裡出了問題或不正常。

人生滿足感，跟內向外向無關

對內向的人而言，學校有愈來愈多的分組報告，職場工作同樣必須在眾目睽睽下做事，過多刺激的環境當然是一種壓力。尤其目前社會風氣普遍認為，累積各種人脈才是成功之道，使得內向的人更加煎熬。

然而光靠傑出的親和力、廣泛的人脈、好口才與幽默感，並非全然是成功關鍵；反而懂得聆聽、默默做好本分、專注於自己事情的人，愈能獲得大眾尊敬。這樣的人不用大聲引人注目，也能擄獲人心，以沉穩的態度得到組織的認可。良好的組織管理都會依據員工的優缺點，安排最適合的位置，因此愈是高層主管，愈懂得欣賞默默扶持組織的內向型人所具有的魅力與優點。所以，不必強迫自己一定要成為外向型的人。

不過，畢竟在社會上生活，人際關係是非常重要的一環，所以為了少承受點壓力，最好掌握一些能夠提升內向型人優點的溝通方式。

資深人際關係專業顧問黛芙拉．札克（Devora Zack）就提出暫停、探索與資訊處理、維持速度等三種規則。內向型人的優點在於專注力與謹慎，因此比起開啟話題，不如先聽他人怎麼說；比起直接融入對話，不如擬定策略與規畫，蒐集資訊並了解對方；比起被當下氛圍牽著鼻子走，不如照自己的速度調整彼此的關係。

內向的人懂得聆聽、思慮深遠、適時拋出問題，有優秀的交友能力，所以千萬別因為社會外向的氛圍而畏縮。只要能發揮自己的特質，誠以待人，便能打造出自己的人際圈。

擔任精神科醫師工作三十三年的時間裡，我的心得是——**社會成就與認同以及對人生的滿足感，絕對與性格內向或外向無關**。當然，剛踏入社會時，或許異於常人的特質看似是決定人生的條件，而且年紀愈輕就愈少有靠自己努力完成的實績，所以更容易對自己沒有自信。但當妳某天回首過往就會發現，每個人的人生其實都決定於**如何將自己既有特質發揮到極致**。

無論是內向或外向，如果沒有在自己的崗位全力以赴，任何人都不會成功，所以不必再因為自己的性格而苦惱，也不必想盡辦法刻意擺脫，只要在位置上默默做好自己的事，總有一天會被世人看見。

22

別用「指南」談戀愛！展現真實自我

相愛中最辛苦的時候，或許是只有自己獨自維持愛情時。明明是兩人一起開始，冷卻的速度卻不同。她愛他更深、想付出更多，他卻開始保持距離；原本甜蜜的早安電話，變成單方面的鬧鈴；原本時時刻刻噓寒問暖的簡訊，變成只剩一人的騷擾訊息；難得的週末約會，也因對方疲倦而失去活力。雖然很想問到底為什麼會變這樣？又怕爭執後他會離自己更遠而選擇沉默。

大家都說只要努力沒有什麼事是不能達成的，但男女之間的愛情卻不適用。用情較深的人成為弱者，用情較淺的人握有關係主導權，然後在某天終止這段感情。更愛對方的人會為了挽回對方的心而想盡各種辦法，但都於事無補，他早已瀟灑離開，只剩自己留在原地。

經歷失戀傷痛的年輕人，決心不談戀愛，再也不要成為愛情中的弱者，也不想再像個傻瓜把心全部交給對方，而前來找我諮商。我對他們說，比較愛對方並不是罪，即便最後得到的通知是分手，但曾經深愛過另一半的自己不會因此留下遺憾，會後悔的反而是在愛情中沒有付出太多愛的一方。

但他們根本聽不進我的愛情學演講，只憑失戀的經驗，得到不能付出太多的教訓。努力找尋在下一段戀情裡握有主導權的方法，聽取戀愛高手的建議，研讀各種戀愛指南書，並設立那些欲擒故縱、愈是喜歡就愈要展現自己對他沒興趣、讓對方永遠對自己充滿好奇與新鮮感、即便男人找不到路也別幫他看地圖等手段，想方設法成為任誰都感覺有魅力的女人。

拜託，先丟掉戀愛指南吧！

無數本戀愛指南都會說的理論之一——男人有狩獵本能。他們會從成功擄獲對方而感到喜悅，一旦到手就不再感到興趣，所以女人要不斷給男人新目標，展現彷彿快要到手卻又閃躲的魅力，千萬不能當個自己送上門的食物。女人要學的最佳戀愛技術，是成為能默默操控男人心的狐狸。

戀愛指南以人類演化理論做依據，認為女人會經歷懷孕、生產、哺乳等過程，自然比男人更懂得付出，所以也會找尋能夠為自己及小孩付出的男人。但男人會想盡辦法將自己的遺傳基因散布得更廣更遠，所以想和多位異性來往，尤其是年輕美麗的女子。

但真的所有男人都是這樣嗎？無論多麼溫柔體貼有智慧的男人，只要脫下外面那層紗，就只剩狩獵的本能嗎？

在哈佛大學演講「關於愛情」（The Case for Falling in Love）的瑪里．露堤（Mari Ruti）教授，做了一項有趣的實驗。我們從戀愛指南中可以看到，男人不喜歡太有能力或太過強勢的女人，所以千萬別自己換燈泡，要做也要趁男人不在時。

於是，教授利用電子郵件詢問身邊的男人，「如果你看見女友或老婆在換燈泡的樣子，會認為她們的魅力遞減嗎？」

後來陸續接到回覆，「會不會覺得她們的魅力因為換燈泡而降低？怎麼可能，當然不會啊！我反而認為，有能力且懂得展現自己能力的女人更有魅力呢。」

「要是我女朋友是個連燈泡都不會換的人，我應該會更不喜歡她吧。因為我比較欣賞能受人尊重與讚美的女人。」

「如果有女生不會換燈泡，那就表示她太笨，我對笨女人沒什麼興趣。」

雖然是將男性的戀愛心理以諷刺的方式丟出問題，但核心是非常明確的——男人並非都是狩獵者。即便如此，我們還是覺得男人有花心特質的原因，是出自社會的刻板印象。一項心理實驗指出，不論男女在看待異性時雖然都重視正直、責任心、寬容等特質，但當詢問受試者覺得異性會重視哪項特質時，卻出現截然不同的結果。女性認為男人重視的是成功，男性覺得女性重視養育。

結果看來，人們即使實際上對異性的感受不是如此，也會因「男性」「女性」的刻板印象，而做出符合該性別的行為。

這樣的觀念使男女都不自在，女人認為對男人要求太多，感情容易變膩，所以會習慣隱藏自己內心真實的需求。想想看那些浪漫喜劇電影裡的女主角，即便想約會、想結婚，都會默默等待男人做決定，最後則等不到任何結果落得一場空。同樣地，內心住著纖細靈魂的男人，會怕女人覺得自己不夠有男子氣概而故作強壯，最終則因難以與另一半發生親密關係而躊躇不前。

有時停止戀愛也需要勇氣

有些男人很壞，真的只將女人當作獵物，將男女之間的關係責任全推給女方。他們會將分手歸咎於女方欲求不滿或沒自信、不獨立，或用「像我這樣的壞男人，不值得妳愛」等理由，讓自己成功從關係中脫身。

而女人明明沒做錯什麼事，卻很容易陷入「因為我不夠漂亮」「因為我太黏他」才會導致他離開的自責情緒中。所以我建議，在翻開戀愛指南之前，應該重新評估那位已分手的男人究竟是否值得交往。

世上比他們優秀的男人非常多，他們懂得體諒女方立場、盡全力維持關係，沒有必要為了抓住「壞男人」的心而成為一隻狐狸。如果是一位好男人，即便妳不對他欲擒故縱，他也會懂得欣賞妳、接近妳，所以千萬別為了從A到Z遵循戀愛指南，而遮蓋住自己原本充滿活力的樣貌。

女兒啊，妳是否記得我不斷叮嚀過妳的話？「千萬別和不為妳著迷的男人交往。」我記得後來妳說：「媽！別再說了。」但其實我叮嚀妳那句話的意思，並非要妳少愛對方一點、被愛多一點，而是希望妳能和一位真心懂得欣賞妳，愛惜最真實的妳的男人在一起。因為在愛情世界裡最重要的一點，就是**向對方展現最真實的自己**，愛多少就表現多少，誠實表達自己所期望的，甚至要能分享那些想隱藏的，愛情才有未來。

所謂愛情，其實是體驗來自不同背景的兩人如何彼此適應，並啟發雙方新世界。因此，不該以戀愛祕訣等方法掩飾自己最真實的一面。

此外，接受愛也像付出愛一樣需要勇氣，所以如果身旁明明有一位戀人，但依然像單身般感到孤獨的話，不妨問問自己：「是否只有一個人在維繫這段戀情？」如果答案是肯定的，就必須懂得按下停止鍵。我這麼說並不是教妳只顧自己自私地談戀愛，而是在愛男友的同時別忘了照顧自己。尤其是習慣付出、過度給予愛的人，更要懂得先培養好愛自己的能力，而非一古腦將感情全部投注在另一半身上。

我曾對一位失戀而極度悲傷的女生說：「別因為分手而將頭髮剪短。」她留有一頭烏黑長直髮，我擔心她會因為對方的離去而剪掉自己最大的魅力。

無論任何理由，都不能將自己徹底拋棄，**如果連妳都對自己隨便，又有誰會疼惜妳呢？**沒有人會喜歡這樣的女生，除了壞男人。

23

一輩子的好友，來自「讓人想念的距離」

還記得在妳讀高中時，某天我接到學校打來的電話，說有要事商量。只要是學校提出面談，家長都會擔心孩子在學校出了事。

果不其然，放學後妳悄悄地蹺了晚自習。詢問理由，妳說是因為天氣太好，不捨得留在教室裡，所以和朋友一起去漢江河堤坐船遊玩。當下的我笑了，是啊，那天的確是用來讀書實在可惜的絕佳天氣啊！

雖然我對老師道了歉，也承諾會好好教導妳、未來不再發生這種事，但坦白講我並沒有想要這樣做。如果妳是自己一個人闖禍，我可能會很擔心，可是妳是和朋友有了一件難忘的回憶，所以我想就算了吧。

原本很擔心妳是獨生女，在交友方面會不會遇到問題，但當我得知有朋友和妳一起闖禍時，其實我反而感到開心。

因為學生時代交的朋友，會是日後每當妳面臨人生大小事時，與妳一同分享喜怒哀樂的珍貴朋友。

妳和她的「友情距離」是多少呢？

女兒啊，對妳來說「朋友」是什麼？

男人常說：「能為我兩肋插刀的朋友才是真心好友。」「悲傷可以和任何人分享，然而能夠分享喜悅的朋友並不多。」但女生通常會說：「我們之間有什麼話不能說呢？那就稱不上是朋友啦！」女人與男人對友情的定義有些差別，對女人而言，友情裡不可或缺的元素就是聊天。要好的女性朋友會分享彼此生活大小事、最新流行、社會議題等，只要是能分享的話題全都能聊。

如果我們觀察女性的大腦會發現，掌管語言的中樞部位特別大，透過聊天對話，會分泌催產素（oxytocin，又被稱為「愛情激素」）與多巴胺（dopamine），感受到如毒品般的快感。女人透過不斷對話，追求關係的親密度並鞏固彼此友誼。因此，當妳發現原本以為很要好的朋友突然對自己有所隱瞞時，心裡會感覺失落，感到疏離。但是否要毫無保留地坦誠相對才是真正的友情呢？如果是兒時玩伴又能多親密？

敏鏡小姐與同事慶和小姐已是三年的朋友，同齡加上趣味相投所以很有默契。除了彼此分享日常大小事，還會聊男友、家人以及不敢對他人說的祕密。維持這樣良好關係已好一段時間，但某天慶和提出想要轉職到其他公司的話題，她表明已經決定，並向主管提出離職了，現在只等上頭決定離職日期。

當敏鏡聽到這番話，心臟頓時停了一下，「這麼重要的事怎麼現在才告訴我？至少應該先跟我說一聲吧？」因為將慶和視為極要好的朋友，她的心裡不免感到失落，甚至有被背叛的感覺。她認為如果慶和也把她視為好友，不該這樣對她。

但**無論愛情或友情，彼此認知的親密度其實是非常個人且主觀的**。或許敏鏡將慶和認定「最要好的姊妹」，但慶和只是把她當作「公司同事」也說不定。即便性格契合、聊得來，而且是自己喜歡的人，但因為是在公司認識的關係，所以對方很可能會認為多少保持點距離才好。

根據美國人類學家愛德華．霍爾（Edward T. Hall）研究指出，人們會依照與對方親密程度的不同，而有不同的允許物理距離。假設陌生人突然靠近自己，我們會本能地感到恐懼，受到驚嚇而後退；但如果是好朋友靠近自己，我們反而會向前迎接。

愛德華．霍爾將這樣的心理距離分成四類，首先是親密距離，零至四十五公分，能夠進入這個距離的只有父母、伴侶、戀人、兄弟姊妹、極親密的朋友等；第二種是個人距離，四十六至一百二十公分，在這個距離範圍內的朋友包含社團、活動、派對的好友；第三種是社交距離，一百二十至三百六十公分，我們和不認識的陌生人最少會保持一百二十公分的距離；第四種則是公眾距離，也就是三百六十公分以上，像是演講或歌手在唱歌時，都會維持三百六十公分以上的距離。

話雖如此，但實際上並非如愛德華．霍爾所列的各種距離一樣精準，因為**每個人對於允許的關係距離、關係深度、關係速度都不盡相同**。有些人除了家人、伴侶、非常要好的朋友，對其他人都不易打開心房；不過一旦認定對方，就會將他視為自己人並全心對待。相反地，有些人則較易與人親近，即便和素昧平生的人也很容易成為朋友。

每個人都有自己設定的關係距離，所以有時會無意間傷害到他人。舉例來說，我認為對方應該是屬於一百二十公分外距離的人，若他突然進到親密距離四十五公分以內，我就會感到壓力而不自覺想閃躲，但對方是將我放在四十五公分內的人，所以會因我這樣的舉動而感覺內心受創。

我們必須了解每個人都有不同的關係距離，這樣才不會在人際關係中產生誤會，不能因為自己先打開心房接近對方，但對方卻沒有靠近而認定他討厭自己，那單純只是對方希望能以他的速度養成關係罷了。相反地，也不必因為對方太快接近自己而一心只想閃避，只要透過調整見面次數或時間，就能充分按照自己的速度與對方培養關係。

唯有不將自己所認為的關係距離強制套用於他人身上，並懂得尊重對方時，我們才能維持彼此沒壓力的關係。

友誼——相互觀望距離的智慧，親密卻不傷害

有些人認為，只要是兒時好友就能分享所有事，所以每天都黏在一起，即便是非常小的事也會告訴彼此；不能有任何事瞞著對方，將彼此拉到零距離，如同兩人一體般，才叫真正的友情。但無論任何關係都存在著距離，期待將距離徹底消除是非常不切實際的想法。

通常醫師在精神分析治療上，認為「移情」（transference）能有效用於治療中卻也是最難處理的情感。那是患者將小時候對於父母或兄弟姊妹等重要人物的情感、希望、糾葛等，投射於治療者身上所產生的現象。在治療過程中，患者會顯現過去的情感，治療者聆聽並體會他所述說的內容；某天患者會開始對理解自己、體諒自己的治療者產生愛意，想要依賴並將自己託付給治療者。

這時候治療者就必須保持警戒，向患者說明如果那條警戒線沒能守住的話，患者就會失去自我控制的能力，變得更加依賴且失去活力。

在友情關係裡同樣必須懂得維持那條「警戒線」，即便是非常要好的朋友，也要懂得**尊**

重彼此各自獨立的心理空間，這樣才能培養出在任何情況下還能獨自奮戰的力量。若不這樣保持距離，雖然友情看似堅固，但在彼此內心深處反而會滋長出傷害彼此的毒物。

前陣子有位三十歲出頭的女子對我說，她認為真正的朋友不一定要將所有心事都攤給對方看。「正因為感情很要好，掌握對方許多資訊，所以更要懂得尊重且維護彼此不願被碰觸的部分。舉例來說，正因為我知道哪一句話是那位朋友的地雷，所以無論多麼生氣我也會堅守那條線，並且相信那位朋友事後會自己反省，對她點到為止就夠了。」

她們之所以可以維持這麼久的友誼，正是因為彼此尊重兩人之間不能跨越的那條線。**無論多麼要好，人與人之間同樣必須有個能讓彼此喘息的空間**，才能改善自己的世界，兩人也能互相陪伴。樹木醫生于鐘英先生在《我想活得像棵樹》（暫譯）一書中提到，「看似套牢對方，實際上卻沒有，兩人必須保持會讓人想念的距離，尤其對於相愛的人來說，這段距離更是必要。也就是必須有著維持相互觀望距離的智慧，親密卻不傷害彼此，且能永遠感受到彼此的存在。」

所謂朋友，是在生活潦倒困苦、伸手不見五指的黑暗中，能夠指引妳方向；辛苦挫折時，會默默在身旁陪伴妳的人。最重要的是，她明明很了解我，但還是喜歡我。在這極為險峻的社會裡獨自生活，朋友會是支撐自己的穩固靠山，是人生中不可或缺的支柱。

若有一天妳心中對某位朋友浮現：「我以為自己跟妳很要好，但為什麼妳卻離我那麼遠？」的念頭時，記得在埋怨對方之前，先想想妳們之間的適當距離。重新檢視自己會不會已經跨越那條警戒線，突然太靠近對方，而使對方感到壓力。然後靜靜等待，因為**舒適的友誼來自等待**，千萬別因為小小誤會而失去一位好友。

女兒啊，三十世代時通常會因為生活忙碌而忽略朋友，再加上妳身在美國，一定很難與朋友保持聯繫，但無論多忙或分隔兩地，記得都要惦記著朋友。因為日子一久妳就會發現，沒有人比老朋友更可靠啊！

Chapter 4

幸福是種技術，
我們都該學會如何活著
——關於人生與育兒

妳來到人世間並不是為了與他人一較高下，
只要做好本分、幸福地過日子就好。

24

別當個超級女強人！勇於為自己選擇、放下

搭乘捷運時，我不小心聽見兩位年輕男子的對話，其中一位說：「我寧願太太不會做家事，也能多賺點錢回家，最痛恨那種想要嫁給有錢老公的女人了。」

我忍不住心想：「真希望你以後別變成小孩都丟給老婆照顧的那種男人，因為世上不會有女人喜歡那種男人。」前陣子我看到一則統計資料，韓國的雙薪家庭已占所有家庭的四三．六％，這顯示婚後兼顧職場與家庭的女性比例攀升，但老公會幫忙做家事的比例還是非常低。等到孩子出生後，老公是否變得更積極參與育兒事宜呢？結果並沒有，目前為止大都仍是由女性每天負擔家事，以及養兒育女等工作而備感壓力。

結婚後到懷孕、生產這五年，對女人來說是最辛苦的時期，原本要全神貫注在職場上累積經歷，卻得同時承受結婚、生產、育兒等負擔，這代表著

必須面臨多種角色，包含職業婦女、老婆、媳婦、媽媽等。原本在職場上應投入所有熱情，甚至熬夜加班才能贏得認可，但家事與育兒的負擔，往往牽絆住職業婦女的職涯發展。原本聰明伶俐的女職員，瞬間變得反應有些遲緩，要不就是眼睜睜看著當初進公司時沒什麼能力的男同事，逐漸踩著自己往上爬而感到辛酸。

統計資料顯示，七八・四%的女性，在工作五年內因結婚、懷孕、生產等理由而離職。男人希望夫妻雙薪，但往往忽略必須與另一半共同分擔養育子女及家事；在工作與家庭之間徘徊不安的人，依然只有女性。

女兒啊，我完全能體會因生產與育兒而放棄職場的心理，因為我同樣在擔任實習醫師時養育著妳，混混沌沌地不知自己如何熬過二十至三十世代的青春。記得生妳時，碩士論文截止日迫在眉睫，同時面臨兩件無法遞延的事，所以在妳出生三週後，我就回到醫院繼續完成論文。

當時，為了去一趟學校家長會，妳不知道我要看多少人臉色。還記得妳小學二年級的運動會，好不容易才向醫院請三小時的假，才得以火速趕去看妳。許多家長和小朋友在地上鋪著草蓆吃便當，妳站在人群中一看見我，立刻欣喜若狂地跑來、張開雙手抱住我。只能陪伴兩個小時就必須放下天真可愛的妳、回到醫院工作的心情，沒有經歷過的人是沒辦法體會的。那一天，最終妳還是放聲大哭地哀求我別離開。

真希望這樣的情形只發生一次就好，但我卻讓妳哭了好幾回。每次只要遇到那種情況，除了對妳說「抱歉」，我別無選擇。而我想在此對妳說的，並非要妳當或別當個職業婦女，無論妳選擇職場或家庭，我都會尊重妳的選擇。因為我知道，妳會照著一直以來自己的方式，走出屬於妳的人生。我只是以身為一輩子都是職業婦女的媽媽角色，希望能多給妳一些有幫助的建言。

妳是否「自動」選擇那樣的人生？

在雜誌社上班、三十歲的靜敏小姐，進公司兩年後，在一場聯誼遇見另一半，而步入禮堂。雖然她好不容易累積了些許經驗，卻對日復一日的生活漸感疲乏，也開始對上班族的人生產生質疑，於是決定離職。「其實工作就是這樣啊，到了某個階段後會開始問自己，這究竟是不是自己真正想做的事？而且剛好在這個時間點結婚，或許婚姻對當時的我來說，是避難所也說不定。」

雖然，現在看來她當初的選擇沒有任何問題，但當她十年後完成養育子女的任務，成為四十至五十世代的人時，會變得怎樣呢？

四十七歲主婦秉林小姐最近老是悶悶不樂。老公的事業不是很順利，二十年來與婆婆和老公每天生活所累積的情緒，讓她得了憂鬱症，再加上前陣子得知高中同學取得博士學位的消息後，更加深了她的無力感。

當初結婚時，乘林就已經是碩士畢業生，與富二代大兒子結婚，集眾人羨慕於一身。而當時那位高中同學，只有專科畢業，在美術學院擔任助教。雖然乘林生完第一胎後還想繼續工作，但因婆婆反對而打消念頭，享受了一陣子的悠閒。但經濟大蕭條時，老公的事業卻面臨危機而開始走下坡。

反觀和窮小子結婚的同學，後來順利轉進大學，甚至拿到博士學位，還成了連鎖集團美術補習班的院長，相較之下，乘林對自己感到非常失望。她認為當初聽信婆婆說「別想著賺那幾毛錢，不如在家帶小孩」的自己很傻，也感到後悔不已。決心以後無論如何都會教導自己的女兒，一定要有自己的工作。

但是，如果她當初生了小孩仍堅持工作的話，會比較幸福嗎？其實，她現在之所以感到憂鬱的真正理由，並不是因為放棄工作，而是認為過去的歲月都是聽從婆婆的決定，自己是被迫的，帶著「我本來應該在那個位置，但因為妳，害我現在只能這樣活著」的想法，而覺得不甘心。但事實上，這也是她當初自己做的決定。一邊上班、一邊認為「沒辦法，這都是為了生活」的人也大有人在，她們雖然有著乘林一心想要擁有的職場生活，卻也像她一樣覺得自己不幸。

重點不在於自己是否有工作，是家庭主婦還是職業婦女，而在於我**是否主動積極選擇那樣的人生**。

高中時就移民德國慕尼黑的韓國作家林慧智，透過《將白腹鯖兌換成金》（暫譯）一書，介紹她與德國老公、兒子、女兒自由生活的點滴。她是建築學博士，老公則是物理學博士，都是優秀人才。因為，兩人認同養育小孩最重要的不是金錢而是時間的觀念，所以決定放棄高薪與穩定工作。老公選擇一份薪水不高，但離家很近且上班時間彈性的工作；老婆則以自由工作者的身分發掘文化遺址，並致力教育小孩。雖然，必須拋棄部分的寬裕生活與工作經歷，但是能促進家人彼此的溝通與日常分享，她選擇半主婦的生活，一點都不後悔。

乘林與慧智的差別在於，是因他人意見或逼不得已所做的選擇，還是自發性的決定。雖然兩條路皆有難處，但認為一切都是自己選的，或是因某人而做的決定，其心理不平衡的感觸卻有天壤之別。不管是家庭主婦或職業婦女，都會遇到困難，**唯有積極選擇自己想要的人生，才能突破心態上的不平衡**，打造出沒人會瞧不起妳的能力。

所以當妳選擇離開職場時，若會對婆家或老公、小孩心生怨懟，一定要再次謹慎思考。如果工作與育兒兩者都不想放棄，先別恐慌，想辦法先撐著並擬定對策。即便因沒人能幫忙帶小孩而不得不停止工作，也不妨給自己設下一個時間點，告訴自己到時一定要重回工作崗位，這樣才能讓自己持續與社會接軌，找尋下一階段的目標。

世上沒有完美的父母，妳無須當個女超人

對職業婦女來說，最操心的並非家事而是養育子女，因為家事只會使身體疲累，多少還能咬牙撐一下；但養兒育女的問題，無論能力多麼出眾，也會被牽絆動彈不得。

職業婦女的心情就像罪人，成天擔心「要是因為我疏於照顧，小孩性格扭曲的話怎麼辦？」陷入沒能好好照顧小孩而自責的情緒中，尤其孩子生病時，更會強烈自責。然而有一項好消息是，英國倫敦大學安妮．邁門博士以一萬兩千名英國兒童為對象，進行研究「母親工作與否，對小孩精神健康的影響」。結果顯示，母親是否有工作，對子女精神健康及情緒發展不會造成任何影響。

美國兒科學會（ＡＡＰ）同樣發表了一項類似看法，「子女情緒會受家人的精神是否正常、父母親是否充分愛小孩等所影響，但不受母親是否在職工作而影響。」此外，雖然孩子在小時候希望媽媽能天天在家陪他們，但成長到一定程度，反而會對媽媽拿著名片工作感到驕傲。所以如果未來有一天，妳也成了職業婦女，只要留意育兒相關的幾個要件，其他其實不必太過操心。

首先，從**拋下想成為完美父母的重擔**開始。即使放棄工作、專心帶小孩，這世上還是沒有任何父母是完美的，所以不必為了達成完美母親而想要成為女超人。我們要扮演的角色愈

來愈多，有些扮得好，一定有些無法做到好，這是常理。不可能有人是萬能的，能將工作、家事、帶小孩等全都做到完美無瑕。與其想要什麼都做到最好，不如學會依照不同情況安排事情的優先順序，並且具備聰明的策略，可以的話就盡量尋求協助。

當妳愈想當女超人就愈辛苦，尤其妳會希望被人看見，要是沒人了解，就會感到極度挫折。有些人甚至會想：「誰叫妳要做那麼多？不都是妳自己喜歡的嗎？」所以，我可以理性地告訴妳，千萬要記得，沒有任何人要求妳一定要「成為女超人」。

職業婦女要切記的第二件事是，養兒育女重質不重量。孩子的年紀小，與媽媽相處的時間長度固然重要，但一定要顧及品質。在依戀關係中，重要的是媽媽努力空出時間關心小孩並與他們相處，但要記得與孩子共處時，對他們的行為表示高度關心。

即使只是下班後幾小時的相處時間，只要能與小孩做到互動，孩子與母親就能維持穩定的依戀關係，並健康成長。

第三點是直到小孩滿三歲為止，必須擬定一個以育兒為優先的生活計畫表。此時，母親必須成為主要養育者，即便可以將部分養育時間託付給他人負責，但最終關於小孩的一切都必須由母親掌握。因為孩子在滿三歲以前，腦部會進行整體性發育，尤其影響人際關係與情感發展的腦部迴路也在此階段大致完成。

第四點是要將老公、家人以及周圍的人全都拉攏到自己這邊。韓國詩人慎達子曾在採訪中提出，女性的孤單與是否工作無關的觀點。「職場女性會因育兒與家事，家庭主婦則會因自己的主體性問題而產生精神問題。高學歷女性大部分不知自己為何而活，以為只要在履歷表上多填一行學歷，就會比別人強的她們，並不聰明。無論職場或家庭都會遇到問題，為了解決問題，一定要懂得將周圍的人拉攏到自己這邊。」我全然認同這樣的說法，如果有不懂的、不會的，就要趕快承認並尋求他人協助。別把自己當成女超人，放寬心尋求幫助吧！那是守護小孩、守護自己、守護家庭的明智之舉。

人生是一場馬拉松，想像自己五十歲的模樣

自一九九一年起，美國北加州大學研究團隊在十年期間，針對一千三百六十四名女性展開了一項調查。以在家照顧小朋友的全職主婦，與同時必須負擔家事的職業婦女，做了幸福調查比較，後來竟得到出人意料的結果。全職主婦因為被社會孤立，得憂鬱症的比率較高，且因與孩子相處的時間較長，比起職業婦女有更大的精神壓力；而職業婦女比起每天只待在家裡的主婦，精神上是更為健康的，心理層面的憂鬱程度也較低。

雖然，職業婦女會有來自多方的雙重壓力，但另一方面也因工作帶來的成就感與存在感，使她們得以扮演正面的角色。這就是即便職業婦女很辛苦，也必須堅持下去的理由。為

了自己，不能放棄工作。若仍是感到疲累，不妨想像自己五十歲時的樣貌。為了度過全力育兒與用心工作兩者重疊的「爆炸時期」，就必須具備長遠的目光。不是只想像在職場工作的專業形象，或是在家中以母親與妻子的身分忙得不可開交的樣子，而是想像五十歲以後，自己已經成長進步許多的樣貌。

人生其實是一場馬拉松。如果現在的妳，正為了害怕自己不能成為一位好媽媽而煩惱；又怕在職場上會因小孩而分心，被誤會沒有認真上班而必須每天加班的話，不妨回頭看看自己。畢竟明天也不一定能完成所有工作，不如儲存體力，找回精神層面的餘裕，這樣一來，才能不斷向前邁進，而不被疲勞轟炸。記得，只要拋下「什麼事都得做到最好」的想法就沒事了，因為我便是這樣走過來的。

直至目前為止，我一直在闡述自己身為職業婦女的心得感受，我很好奇妳究竟會做出什麼樣的選擇呢？此外，我也很好奇，要是某一天妳也生了女兒，妳會對女兒說哪些話呢？畢竟妳比我聰慧許多，我也相信妳會比我更能創造出豐富的職業婦女生涯。要是真覺得走不下去，大不了停下來休息一下也無妨，不必因此困擾太久。

美國教育學家利奧・巴士卡力（Leo Buscaglia）曾說：「人生中最大的冒險，就是不敢冒任何的險。」因此，即便過去養育妳的歲月裡，藏有許多辛苦，我也不曾有過一絲後悔。

25

「都是為妳好！」別讓情緒勒索綁住妳的人生

女兒啊，跟妳說一個不久前聽到的有趣故事。有個家庭誕生了一位老么，媽媽對著孩子輕聲說：「寶貝啊，媽媽什麼都不需要，只希望妳健康長大！」聽到這句話後，一旁小學三年級老大接道：「妹妹啊，媽媽說的都是假的，等妳長大就知道。要是不會念書，只有身體健康是會被罵的；而且還要清掃、跑腿，超多事情等著妳呢，建議妳最好別信媽媽的話。」

當我聽到這段故事時，笑了好一陣子，不斷點頭如搗蒜；但事後回想，不禁擔心自己過去是否對妳說過相同的話。

孩子們隨著年齡增長，要做的事也愈多，要健康、要強壯、功課要好、性格要好，連臉蛋都要長得漂亮、身材要好，還要會打扮。當初孩子出生時，光是迎接新生命就感到無比喜悅的父母，突然變身嘮叨的家長，孩子開始知道自己如果不做某些事就得不到愛而感到壓力。有時因父母的標準過高，感到無論多麼努力也難有達成的一天。然而，父母永遠都會苦口婆心地說：「這都是為了妳好啊！妳知道媽有多愛妳吧？」

每當聽到父母說這句話，孩子就深怕自己要是沒達到期望就得不到愛，而努力達成父母希望自己做的事，而非自己真正想做的事。直到某天，孩子就在不知自己究竟要什麼的狀態下，長大成人。

按照父母的期望準備司法考試，但不確定這條路究竟是否適合自己的大學生；進到人人稱羨的大公司，但毅然決然辭掉工作決定繼續進修的女孩；為了家人奉獻大半生，但因工作辛勞最終把自己身體搞垮的男人……這些人都透露了相同的問題：「**我不知道這是否是自己真正渴望的人生。**」

為了得到認可，我們失去的那些東西……

我們很容易為了追求可以獲得他人肯定、世界認可的事物，而浪費許多人生。夜晚捕捉烏賊的漁船，利用照明燈引誘烏賊，住在深海裡的烏賊，在不知道那盞燈究竟是拯救還是毀滅自己的情況下，像中邪似地群聚在船隻周圍，漁夫輕而易舉便將牠們捕撈上船。人有時就像烏賊，在尚未分清究竟是拯救還是毀滅自己的光芒前，被欲望沖昏頭而一古腦地朝它飛撲過去；而那道光芒有可能是流行服裝或高跟鞋、最新電子產品，也有可能是汽車，或是男人所期盼的高社經地位。

一旦被迷惑，人們就會為了得到那些目標不擇手段，再加上資本主義社會鼓吹個人欲望，不僅讓妳買下欠缺的東西，還會促使妳產生原本沒有的欲望，掏空妳的腰包。所以，有些人即便負債也要買名牌；還能用的手機硬是要換成最新型；戶外露營用品明明很多，卻還是會花許多錢添購最新裝備。

美國經濟學家約翰・高伯瑞（John Kenneth Galbraith）對於資本主義所創造的欲望，在《豐裕社會》（*The Affluent Society*）一書中這樣闡述：「教導人類促進消費的方式太過完美、聰明且高貴，以致難以找出任何違反它的宗教性、政治性或道德性活動。」欲望被包裝得太華麗，使我們產生錯覺，誤以為是自己原本渴望的目標。或許這也是為什麼法國精神分析學大師雅各・拉岡（Jacques-Marie-Émile Lacan）會拋出：「現在你想要擁有的，是真正想要的嗎？」的疑問，因為**我們的欲望，多半都不是自己而是他人的**。

如今回想，**我們不知從何時起，被訓練成要活得像「該有的自己」，而非「原本的自己」**。比起自己的欲望，更追求能夠得到他人認同與掌聲的事，打造出別人眼中的自己。小時候為了得到母親的稱讚而讀書，學生時代為了能有好人緣而答應朋友的請託，其實如果重新檢視自己為何要進好大學、找好工作，也會發現絕大多數是因為這樣才能得到人們的羨慕與注目。

的確，沒有什麼比得到認同與稱讚更幸福，有句話說：「稱讚能使海豚跳舞。」證明周遭朋友的認同與稱讚，會使人類的行為具體化。但問題在於還沒問清楚自己究竟要什麼、喜歡什麼、擅長什麼之前，通常就已經按照雙親與社會所期待的樣貌，以及受到讚美而成為那樣的「自己」；簡單來說，就是在還未看清楚真正的自己前，已成為別人眼中「該有的自己」了。

妳的時間有限，別浪費時間過「別人的生活」

在法國自然主義小說家莫泊桑（Guy de Maupassant）的小說《項鍊》（*The Necklace*）中，女主角馬蒂達（Mathilde）出生於窮苦人家，有著美麗容貌的她，因與窮公務員結婚而始終無法從貧困中掙脫，她對自己這樣的處境深感不滿。

有一天，老公拿到一張由長官主辦的晚宴邀請函，馬蒂達終於等到夢寐以求的機會，可以與上流人士交流，卻苦無華麗的服飾可穿。最後她向富人朋友借了一條昂貴項鍊前往參加派對，度過鎂光燈聚焦在自己身上的美好一天，卻偏偏在回家的路上不小心將項鍊弄丟了。對朋友難以啟齒的她，最後只好借錢買了條一模一樣的項鍊還給朋友，總共花了十年才還清那筆錢。為了存錢辛苦工作的馬蒂達，只能奉上一輩子人生咬牙苦撐，而糟蹋了她原本美麗的容顏。

某天下午，馬蒂達走在香榭麗舍大街上，遇見當初借她項鍊的朋友，依舊美豔動人。馬蒂達向朋友述說了遺失項鍊的事，並坦承好不容易將那筆錢還清的事實，但她萬萬沒想到，朋友竟說出讓她飽受打擊的話：「啊！可憐的馬蒂達，我借給妳的那條項鍊是假鑽，只花了我四百法郎而已。」

誰能償還馬蒂達十年的青春呢？誤以為弄丟真鑽而賠上十年時間的她，不禁讓我想起那些盲目依循他人欲望而活的人，其實是按照父母與身邊的人甚至是這世界所認同的標準過生活。雖然也許並不全然是壞事，但我只想強調，**當妳總算知道那樣的人生不是自己真正想要的而感到後悔時，不會有任何人能賠償妳那些已逝的歲月**，正如馬蒂達為了償還那條項鍊，咬牙苦撐的那十年，是不會有任何人能補償的。

韓國獨立樂團「張基河與臉孔們」的主唱——張基河曾說：「任何人都有自己的才華，唯一差別在於，你是用自己的才華生活，還是用別人的才華生活。」以〈廉價咖啡〉走紅於韓國，雖然沒有華麗的唱腔，但因直白坦率的歌詞而深受大眾愛戴。不過，只要有人聽說他是首爾大學的高材生，都會感到十分驚訝。據說他差一點就能進到大家耳熟能詳的知名企業，但他一進大學就全心投入地下樂團，想必他很早就懂得分辨別人與自己的才華差異，並且認定自己若是用別人的才華過日子，不會長久也不會幸福。

如果想在人生最後階段少一點後悔，就必須仔細**探索自己究竟是誰**、**想要的是什麼**，若妳早已習慣將他人的欲望投射在自己身上，就應重新思考究竟為何會如此。

兒童心理學家溫尼考特，將自我分成真我（true self）與假我（false self）。幼兒時期若母親能支持、接納嬰兒的自發性，並賦予意義，兒童就會對自己產生正面感，發展出「真我」；若母親無法協助，小孩就會在尚未感受自己的情感前，培養出屈服順從於母親的情緒與期待的態度，此時幼兒就會形成「假我」。以真我為人格中心，會懂得發掘自己真正想要的，並朝目標方向實現人生；然而，如果以假我為人格中心，就會將他人對自己的期待、義務或責任當作人生的重心。

真我中包含情感、特質、創意等，將真我能力發揮到極致的典型人物就是賈伯斯，他依自己心意選擇休學，被蘋果開除也視為是最佳機會。即便失敗多次，依然聚精會神於自認為該做的事，這樣的他在史丹佛大學畢業典禮上的演講致詞中說道：「**你的時間有限，別浪費時間過別人的生活**。別讓教條束縛你，亦即在別人的思維中過日子。要有勇氣聽從自己的意念及直覺，其實它們早就知道你真正要的是什麼了。」

以往長輩都會說，「一眨眼鼻子就被割去的世界。」意指必須隨時保持警戒，堅守屬於自己的東西。但如今這個時代是即便睜著眼也會被人割去鼻子，因為一不小心，很可能會將社會的期望誤認為是自己的心願。愈是如此，就愈要對「自我」再三慎思，最重要的是聆聽自己的心聲、想法、意願，無論風雨再大都屹立不搖堅持走自己路的人，才是真正聽從自己內心的人。

女兒啊，希望妳不要為了配合身邊的人對妳的期待，而浪費了寶貴人生。當然，當下或許會遭人議論，但一定要記得他們不會代替妳的人生，所以還是安心照著自己心意走吧！

26

為人母前，先學會與過去和解、癒合內心傷口

桌上一直擺著妳小時候的照片，剛滿月的妳，不知究竟受了多大委屈，張嘴厲聲痛哭得那麼淒涼，即便表姊賣力哄妳，始終沒有停止的跡象。我看著這樣的妳實在覺得可愛，就拍下了那張照片；當時的我，是個二十八歲的年輕媽媽。

前幾天和妳講電話時，那張照片映入我的眼簾，聽著電話另一頭妳那充滿喜悅的聲音，我突然領悟到：妳已經離開我的懷抱，創造專屬於妳的人生，已與當初幫妳拍照時的我同年，在異國讀書、上班、結婚。看著妳一步步長大成人，心裡為妳感到驕傲，但不免有一絲絲不捨，「原本那麼小又可愛的孩子，現在真的要離開我了，對妳來說我是個好媽媽嗎？」

韓國作家皮千得老師在他的散文名作《因緣》中，如此追憶自己的母親。「她是我母親這件事，是天生的榮耀。如果我身上有任何優點，都是來自

於母親，而我身上的缺點，是太早失去母親而沒能在母愛中成長的緣故。我還有另一項懇切的願望就是，希望下輩子能再當母親的兒子。」

任何人心中都有母親的位置，不論在外受盡多少人生折磨，受到多少人批評指責，唯有媽媽的懷抱能讓人安心，讓孩子將這些不愉快全都放下，讓受傷的心靈得到撫慰。不論年紀多大，心中都有母親的位置，不管多辛苦都能再次站起。對任何人來說，母親都是不能與任何東西交換的特殊存在。

但是，並非所有人都對母親存有美好記憶。曾有一份網路問卷，以年輕女子為對象，進行母女關係調查。「對我來說，母親是○○○。對妳來說母親是什麼樣的存在？請用簡短一句話來形容。」

結果正面與負面的回答剛好各半，除了有母親是我的偶像、極為感謝的對象、最愛我的一輩子好友、溫暖的避風港等正面回應外；還有虐待我精神與肉體的人、永遠給我壓力的人、使我難過的人等負面回應，如實展現了母女間微妙的關係。

明明是關係最緊密的兩人，卻給予了同等的傷害，愛多深、恨就多深，連續劇中絕不會漏掉母女之間的糾葛拉扯，其原因就在於**每個人對母親會同時有著埋怨與憐憫**。

母與女，複雜又微妙的關係

我對三年前離開人世的母親同樣懷抱這些情感，至今仍忘不掉一個印象深刻的畫面。有一次一家人好不容易有機會到高級餐廳吃飯，吃完起身離開座位時，母親向服務生要了一個塑膠袋，因為她想將剩菜打包回家分給我們免得浪費。母親為了養育六個小孩，極為勤儉持家，如今子女已經成人，經濟狀況也都良好，可以吃的東西多得是，所以當下我對堅持打包的她感到非常丟臉，於是我也不自覺地對她發了脾氣。

回家的路上，心裡感到非常難過，但母親依然把那一袋食物默默交到我手中。明明到了可以享福的年紀，卻還一心只想著照顧孩子，甚至不顧他人用什麼眼光看待自己，讓我每次回想起當天的情景，都懊悔不已。

在孩子眼中，母親就是全世界，他們從溫暖的子宮中來到這冰冷的世界，感到極度不安與恐懼；對於沒有任何能力的幼兒來說，失去母親等同死亡。如果母親在孩子哭泣時懂得哄他、安慰他，肚子餓時就餵食，不舒服就幫他換尿布，細心呵護他，孩子也會重新認定原來這世界是充滿愛與溫馨的。他們會在母親營造出的安全空間與關係中，逐漸探索世界，並一點一滴成長茁壯。

尤其對於女兒而言，母親更是個特殊的存在。母親會是女兒從少女成長到女人所有過程的第一位楷模，交什麼樣的朋友、與什麼樣的男人相愛、結婚後會成為什麼樣的妻子與母親，全都會受母親影響。**在女兒眼裡，母親是最親密同時也最想掙脫的對象**。

到了青春期，父母就會從保護自己的角色，轉變成必須跨越的一道牆；當孩子成功翻越了那道牆，才會成為一個真正的大人。

所以身為女兒的第一楷模又如何？對於女兒一舉一動都非常關心的母親，卻是女兒們最想跨越的對象。這段時期母親說的每一句話，對女兒來說都只是嘮叨，媽媽的苦口婆心，變成了女兒情緒上的負擔。若此時母親能夠充分理解女兒想要獨立的心情，尊重女兒的成長意志與自律性，長大後她就懂得以女人的角度體諒母親，原本疏離的關係也會以新的方式再度拉近彼此距離。

但就像女兒難以從母親手中獨立一樣，母親也很難從女兒身上獨立。愈是充分參與女兒成長過程，女兒的獨立愈會成為母親一項心理大挑戰，唯有身為堅強的大人，才能撐過這項試煉。

有些母親會將女兒視為自己的分身，而不是擁有主體性的獨立個體。她們關心女兒的一舉一動，並將她的一天當作自己的管理對象，掌控孩子與朋友之間的關係，與男友間的約會，職場生活是否有問題等，所有大小事都要掌握才肯罷休。在這種母親底下成長的女兒，會想從過度關心中逃離，但又放不下難過悲傷的母親，最後只好扮演乖女兒的角色。

有些母親甚至會站在自戀的延長線上，將過去沒能實現的願望強加給女兒，又或者不自覺利用女兒的愧疚，將自己人生失敗的責任推給女兒，並將這些行為以愛之名合理化，讓年紀太小沒有獨自生存能力的女兒，誤以為都是因為自己的問題而造就這樣的母親，為了得到母愛而不斷努力。

在這種母親底下成長的女兒，很容易自責且否定自我，認為不值得被疼愛。她們往往可以得到眾人的誇讚，但自己卻從來不稱讚自己；對她們而言，人生就像是一項功課，必須不斷填滿某人對自己的期望，很在意母親及他人的眼光，並努力將自己變成符合眾人期盼的樣貌，直到得到她們的稱讚，才會認同自己存在的價值。

因此，如果妳與母親也有尚未解開的心結，不妨好好思考。雖然很感謝為自己犧牲的母親，但母親的欲望實在太令人有壓力而想掙脫，卻又對有這種念頭的自己感到厭惡或自責的話，就要用新的方式解開與母親之間的心結。

遺忘河（Lethe），希臘神話中的遺忘之河，亡魂在前往冥府時，會飲用此河水以忘掉過去在人間的所有事物，準備迎接全新的來世。同樣地，對於即將成為大人的女兒來說，內心深處的母親同樣是必須拭去的過往，**唯有將過去母親壓抑自己的陰影全都擦去，放下認為母親應該改變的執著，才能徹底獨立。**

妳已長大，有充分力量與過去和解

最近有位大二女生，為了與母親之間的問題來找我，「拜託媽媽可以幸福就好了。」我問她為什麼這麼說？真英小姐回答：「因為只有這樣，我才能從她手中脫離。」這陣子每天一回家就會跟母親爭吵，媽媽總是對她抱怨：「妳怎麼可以這樣對我？」而束手無策。從小看著母親被父親欺負，因為覺得媽媽很可憐，所以從未反抗過母親，但究竟要這樣活到什麼時候？她不斷反問自己。「醫生，我是壞小孩嗎？」

我對她說，妳絕對不是壞小孩，隨著年紀增長而想從父母手中獨立是極為正常的。從事精神科醫師超過三十年的我，看過無數三代間反覆重演不幸的案例。每個人都受父母影響而養成人格，那樣的「我」也會影響子女；使真英心理受傷的母親，相信一定受過上一代給予的傷痛，她只是將自己未能與母親化解的心結，轉移至真英身上罷了。

因此我對她說，小時候妳沒有任何力量，只能完全聽從母親指示，但那都已經過去了，如今妳已長大成人，有充分的力量可以超越母親。不妨重新締造出彼此憐憫與愛的關係，而不再是被操控及操控者的關係。如果不跟過去的傷痛徹底切割，就很有可能還會延續到下一代子女身上。

為此，真英必須先接受母親同樣受過許多傷的事實，唯有理解母親內心的傷痛，才能與那些過去和解，並重新體認其實母親不全然只有負面，也有許多正面的影響。母親與女兒才能過各自的生活，成為一輩子的朋友。

女兒啊，對妳來說我是一位好媽媽嗎？還是我在不自覺中給了妳許多傷痛呢？雖然我已經從母親的工作中畢業，但未來有一天妳也會成為母親，到時候妳可能就會看到從未發現過的心理創傷。內心受創的孩子，一定會為了治療傷口而全力掙扎，如果哭了千萬別置之不理，因為那個傷口很有可能是從我，甚至是妳外婆所傳下去的也不一定。希望到時妳不會為此苦惱心煩，也希望妳可以好好將心中的傷痛擦拭乾淨，這樣一來，才能快樂地當一位母親，孩子才會幸福。

27

如果對錢沒有概念，總有一天會為錢流淚

這東西，就這麼一點兒，能把黑的變成白的，使醜的變成美，

沒理變成有理，卑賤變尊貴，白頭變成了青春，懦怯變英勇。

嘿，你們這些天神，幹嘛拿這個來？這算是什麼東西？

唉，這東西把你的祭司和僕人從你的身邊拉走了；

把壯漢的枕頭從他的頭顱底下突然抽去（譯按：意即使他在熟睡中突然窒息而死）。

都是你這個黃臉的奴才，使異教聯合，卻又使同宗分裂，

使該遭詛咒的蒙受祝福，又能叫白斑點點的麻瘋病受眾生的愛慕；

能抬舉小偷，偏叫他高高在上，受屈膝的敬禮，和元老們平起平坐。

叫乾癟的寡婦又重當了新娘，哪怕禁錮在病房，長一身腫瘤，
人人見了她都要倒盡了胃口，
有了這東西，就像灑一身香水，又煥發了青春，像四月豔陽天。

——擷取自莎士比亞（William Shakespeare）
《雅典人泰門》（*Timon of Athens*）（第四幕第三章）
（譯文出自木馬文化二〇〇三年出版之《雅典人泰門》，方平譯）

這支魔術棒究竟是什麼？竟然可以將醜的、錯的、老的、卑賤的變成美麗且高貴的東西。如果真有此物，想必會讓全世界的人都想擁有它吧。莎士比亞所指的這件寶物正是黃金。只要有黃金，就能讓懦夫變勇士，也能讓竊賊得到高爵厚祿，錢的威力正是如此強大。

懂事的大人必須——自己賺錢

不論當時或今日，金錢都有同樣的威力。金錢除了能解決吃喝生存的問題，還宣示著能夠自由做自己想做的任何事。此外，我們相信如果能比現在更有錢，未來會比較有保障，想做什麼夢也比較能順利實現，人際關係會更好，自信心也會增強。所以，無論是為生活所苦

或是富有的人，都會為錢煩惱。英國心理學家羅傑・亨德森（Roger Henderson）將人們明明有錢，卻仍為錢煩惱的症狀稱為「擔心金錢症候群」（money sickness syndrome）。

不過，人們還是排斥有關錢的話題，認為斤斤計較是俗氣的事，然而我反而不相信那些嘴上說錢不重要的人。在資本主義社會裡，金錢是實現經濟獨立的必要條件，是成為大人第一個要學會處理的問題。就像心理尚未獨立的大人，即便外表已成人，還是會像個大孩子，經濟不能獨立的大人亦然。

依附於某人的經濟能力，就等於活在對方的影響下，不論這對象是父母還是另一半，只要依附對方的經濟，對方就會想要操控依附者；這並非因為對方惡劣，而是不得不為對方付出的代價。

在韓國古典小說《許生傳》中，主角許生全然不顧家境貧寒，一心只愛讀書，只能靠老婆為別人做針線活勉強維持家計。有一天，許生的老婆實在耐不住飢餓，對他厲聲斥責：「明明一輩子也不參加科舉，幹嘛讀書？不能做匠人，買賣也做不了，不如去偷東西算了！」最後許生離開家，運用所學賺錢養家。像這樣，若要仰賴某人賺取生活費，等同自己也必須承受相對的負擔。

「不懂事」這句韓文原意包含季節的變化，等於錯過收穫的時機，無以延續生計之意。經濟不能獨立的成人，就像個不懂事的孩子，人並不是在懂事後才產生金錢觀或懂得愛惜金錢，而是在自己真正賺過生活費以後才會懂事。也就是真正體驗過對於錢的迫切需求，以及為了養家餬口而必須工作的無奈。無論自己收入多寡，都與向人伸手拿錢的感覺大不相同，付出自我努力與汗水的金錢，才帶有自尊與價值。

我們工作賺錢，再用那些錢維持生活所需。錢，是將我們付出的勞動交換成物質的工具。修鞋工人透過修鞋賺錢，老師透過教導學生賺錢，醫生如我則是以照顧患者的代價賺錢。因此，賺錢這件事就代表某人需要妳，證明妳在進行著這個社會所需要的事，意味著妳身為社會成員的一分子，扮演著該扮演的角色。所以我認為，**不懂金錢的人其實等於不了解社會**。

此外，**金錢提供我們自由**。任意買想買的，吃想吃的，去想去的地方，做自己想做的事。英國作家維吉尼亞就曾對女性呼籲，金錢之於自由的必要性：「不論用什麼方法，希望各位都能擁有專屬自己的金錢，去旅行、休息、反省世界的未來與過去，並且讀書、沉浸在空想當中、徘徊於街道，將思考的釣竿丟進河裡。」

妳如何用金錢換取幸福？

金錢能解決生活上的開銷，維護人類的尊嚴，以及自由自在過生活的最低安全網。隨著物價愈來愈高，生活開銷也愈來愈大，還有房屋、子女教育等費用，加起來十分可觀，更別說我們還要存退休金。那麼，是否有了不愁吃穿的存款就沒了煩惱？不見得。這世上，依然有許多已經擁有足夠金錢卻還想要更多的人。因為金錢不只是單純的交換工具，同樣是展現身分地位的象徵。

金錢會變得如此重要，其實是因現代社會的匿名性。過去屬於小單位的共同體生活型態，連隔壁鄰居家裡有幾雙碗筷都知道得一清二楚，所以即便沒有錢，也能以信賴為基礎，達成交換與互助合作。然而，生活在許多人聚集一起的匿名環境中，就必須仰賴金錢做為交易媒介，用錢把每個人串聯起來。尤其在變化如此迅速的現代社會，即便畢業於好大學、進到好公司，也難保不會生變，能夠穩穩支撐自己的，只有金錢。

然而，對於金錢過度執著反而會失去自由。想想英國大文豪狄更斯（Charles Dickens）筆下的角色——視錢如命的角色史庫奇（Scrooge，《聖誕頌歌》〔*A Christmas Carol*〕中的主角；內容描述一個吝嗇的財主在聖誕節發生的事。中文書名為《小氣財神》），他為錢殺紅了眼，不照顧親友，耶誕節照樣出外工作，為了節省木炭而在寒冷的冬天放任員工冷到雙手發抖地工作。雖然他很有錢，卻不顧人與人之間的溫暖、體貼、分享等喜悅，過著不幸的人生。

或許妳認為史庫奇只是小說裡的人物，但其實我們周遭不乏這種一心只想賺錢的人。為了讓小孩上五種補習班、買六十坪大的房子而拚命賺錢，卻忽略與家人相處的父母；為了買名牌與名車而向銀行貸款的人；利用非法勞工處境，剝削勞工的老闆等，光舉這些人的例子，相信妳應該就能理解。

哲學家尼采對於金錢的執著提出以下警語：「適當持有使人自由，過度持有則讓錢成為自己的主人，使持有者成為奴隸。」那麼，為了不讓自己過度執著於金錢，究竟需要注意哪些事呢？

我們有將金錢太過抽象化的傾向，例如，至少要有十億韓元（約新台幣二千八百萬元）老後才會幸福；三十億韓元（約新台幣八千五百萬元）才算富人，但其實愈年輕，愈難精準知道究竟十億與三十億是什麼樣的數字。任何事情只要不夠明白，就很容易被牽著鼻子走，錢也是一樣的道理。

愈是對錢沒有具體的認知，只有空泛的概念，就愈容易被錢左右。**如果不想被錢左右，就必須認真思考究竟自己想要賺多少，如何用自己所持有的金錢換取幸福**。別人領高薪、開名車也只是花他們的錢罷了，自己究竟是否需要那麼多錢來滿足自己，又必須花多少時間與犧牲才能賺取到那些財富？這些才是真正需要思考的問題。

英國作家、曾為墨爾本商學院教授約翰．阿姆斯壯（John Armstrong）認為，德國作家歌德是對待金錢的典範。他對金錢不會漠不關心，但也不會過度操心，雖然出身富有家庭，卻一直想要經濟獨立。為了達到心中理想的金錢數字，他從法官的工作換成政府顧問，不僅全心投入工作，還仔細記錄所有收入與支出，而透過這番努力所獲得的自由與安穩，才得以寫出美麗的字句。他在賺錢與自己認為最重要的寫作之間，從未失去平衡。

如果不想為錢流淚，就必須了解金錢。妳可以對年薪五千萬韓元（約合新台幣一百四十萬元）的工作心存感激，也可以對一億韓元（約合新台幣二百八十萬元）的工作心存不滿，這些都取決於妳的金錢觀。所以女兒啊，希望妳至少從現在開始，能多具體想想關於金錢的事，並得出專屬自己的金錢觀，以便在未來面臨是否要換工作、是否該買房等具體問題時，做出不後悔的選擇。

哲學家法蘭西斯．培根就曾說：「金錢是最佳奴隸，也是最糟主人。」當金錢不再只是手段，而成為人生目標時，生活就會變得枯燥乏味且不幸，因此人類必須掌握金錢的主導權。活到現在的我不禁覺得，對於金錢，只要能守護自己，讓自己做想做的事情，甚至可以進一步貢獻社會，就已充分扮演好它該有的角色了。

28

青春之後，由靈魂打造出來的美貌

最近只要搭捷運，無論到哪都會看到整形廣告。有為了證明整形效果而放的手術前後對照圖，宣傳整顎手術等最新整形技術廣告，還有從雙眼皮、鼻子等一般臉部整形到雕塑全身的廣告……就連身為醫生的我，也對如今整形風氣如此快速且廣泛盛行感到不可思議。

此外，還有管理瘦身減肥的醫療中心、專門治療青春痘的中醫診所、只要幾個月就能矯正牙齒的專門牙科，以及打造明星般完美肌膚的皮膚科，為了讓身體各部位變美麗，沒有什麼地方不能被改造。最近的風氣甚至把不考慮整形或不接受皮膚治療的人，認定為懶惰。

然而美化外表並不限於整形與減肥瘦身，前陣子在電視上看到一位「名牌中毒」的女性，她已繳不出大樓管理費、甚至快要成為銀行信用黑名單，但只要有名牌新品推出，無論如何她都要買到手才甘願。看著這位女性，不禁讓我想起過去找我諮商的一位二十多歲女子，她說：「二十世代Louis Vuitton 包是必備，三十世代則至少要拿個 CHANEL 才有氣勢。」

名牌與整形無法填滿的心……

整形、瘦身、買名牌……為了更有自信地活著，許多女性願意投資金錢與時間在這些事情上，有時甚至超出自己的能力範圍而引來大人的指責。大人們常說的是：「真正的美麗是內在美。」但這句話並不完全正確，因為外貌已經成為現代社會重要的一項競爭武器。

英國社會學家凱薩琳・哈金（Catherine Hakim），就曾將美麗的容貌、健康性感的身軀、熟練的社交術語、幽默、時尚品味等能使人充滿魅力的元素，稱為「魅力資本」，並將魅力資本命名為經濟資本、文化資本、社會資本後的第四個資本。

凱薩琳・哈金表示，當人們平均賺取一百萬元時，肥胖的人只會賺到八十六萬就停止；有魅力的男性比沒有魅力的，多賺一四至二八％的錢；有魅力的女性則比沒有魅力者，多賺一二至二〇％；有魅力者的就業率也高出一成。所以如今女人對於外表的投資，已不再視為只是奢侈或虛榮心作祟。對於正面臨就業與升遷的二十至三十世代而言，改善外表是屬於改善自我的重要項目之一，所以如今我也可以理解年輕人努力存錢買名牌包的心理。

還記得嗎？某次妳在朋友聚會上，聽到有人說：「好累喔！為什麼我要這麼辛苦？」結果另一位朋友答道：「因為妳不是金泰熙，也不是全智賢啊！」因為不夠漂亮所以要認真工作，聽妳說現場所有人都點頭表示認同時，我更是再度感到驚訝。

其實，之所以會買名牌或整形隱藏著另一個理由，因為身邊的人都是這樣。來自於同儕之間的壓力，稱為「同儕壓力」（peer pressure），藉由擁有同儕們都有的包包，得到自己沒有落伍的認可，並獲得與大家在同一國的歸屬感，所以名牌包已成為同儕的共通語言。

其中，《離開巴黎的馬卡龍》（*Sociologie des tendances*）作者紀堯姆·埃內（Guillaume Erner），引用法國社會學家尚·布希亞（Jean Baudrillard）的話，說明我們買名牌包的原因：「我們不會消費事物本身，為能隸屬於理想水準團體，而將事物做出區分的記號。」簡單來說，當我們在購買名牌包時，我們並不是在買包包本身，而是在買那個品牌，最終目的是向他人傳遞背著名牌包的自己也是名牌的訊息，想要得到的是物件背後的價值。我們將此稱為「自尊心上揚效果」（self-esteem enhancing effect），就像周圍都是知名且聰明的人時，自己的自尊心也會上揚一樣。

將名牌的價值擺在身邊，更能彰顯自己的價值，將「我也想成為……」的心理欲望，兌換成具體的商品。

名牌是有價值的物品，人們會想擁有是自然現象。但如果妳認為唯有透過名牌才能變漂亮，別人才會覺得自己漂亮的話，就必須重新檢視自己是否出自於與他人比較的心態或誇飾行為，那種心理是絕不可能透過名牌或整形就能被填滿的。

五十歲的容貌是妳的功績

電影《購物狂的異想世界》（*Confession of a shopaholic*）中女主角說：「自從戒掉購物後，時間變得寬裕多了；自從與信用卡訣別，我才遇到愛自己的人。」這句話是不是很讚？電影一開始，女主角是為了買一條綠色絲巾，不惜在面試當天遲到的購物狂。但自從她進到報社做自己真正想做的工作，開啟一段真正的戀愛後，她就變得不再有購物的理由，因為她已經產生無論別人如何看自己都不會動搖的自信。

女人只要年過四十，審美標準就會改變。四十歲前，會以世俗通用的漂亮臉蛋、勻稱身材、光滑肌膚、流行的穿搭等做為美的標準；但是超過四十歲以後，**隨著各自累積的人生經歷不同，女人會以不同風格展現不同韻味的美，而那些風格來自過去自己有多認真生活**。

我們常在幾十年後參加同學會，發現學生時期以出眾的美貌而令人羨慕的朋友，變得容貌憔悴、令人感慨萬分；相反地，也有學生時期長相平凡的朋友，突然變得美麗動人讓所有人驚嘆不已。她們之間究竟有什麼差別？

前陣子我買下一幅美麗的畫作，那是年過五十、第一次準備開畫展的女畫家所畫。輕聲細語仔細述說作品的她，看上去就像個害羞的少女。雖然她臉上已有皺紋，眼角也已下垂，但在說明作品時，眼神仍充滿年輕朝氣與活力。可可·香奈兒（Gabrielle Bonheur Chanel）曾經留下這段話：**「二十歲的容貌，是大自然所贈予的禮物。五十歲的容貌，則是妳的功績。」**當時的我第一次領悟到這句話的真義。

幾年前，見到來韓國訪問的黑猩猩研究學家珍·古德（Jane Goodall）時，我認為她那一頭白髮極為漂亮。她頂著一頭沒有染色的頭髮，簡單披了一件舒適的衣服；那足以反映出整個人生的臉龐與態度，已成為她個人的「時尚風格」，散發濃濃韻味。她從二十六歲開始，就深入非洲坦尚尼亞的熱帶雨林區，致力於黑猩猩研究，這樣的生活竟然長達五十年之久。現在的她，已經到了七十歲後段班的年紀，卻仍然在世界各地研究瀕臨絕種動物，身兼動物學家與環保運動家的身分。

人們常說不論如何保養打扮也只是一時，因為一旦人老了就會出現遮也遮不住的皺紋，但是像珍·古德一樣有自我風格的女人，愈是受到歲月的薰陶，愈能展現優雅與智慧之美。那是認真過生活的女性才會擁有的美麗，也是一心只想改造外表、穿戴名牌的女性永遠得不到的。

年輕人會想擁有名牌的那種心情我可以理解，或許名牌能夠縮短他人對自己產生關注的時間，但透過這種方式所獲得的關注，終究只有一次就會失效。所以女兒啊，或許這樣說有些老套，但不妨將心力集中在世界上唯一的那個名牌——妳自己，如何呢？

從現在起，專注於將自己打造成「名牌」，強化妳的內在美，等內在美都建構好之後，再來披掛名牌也不遲。英國社會女性主義先驅瑪麗．史托普斯（Marie Charlotte Carmichael Stopes）曾說：「妳可以主張自己十六歲時的美麗容貌是自己打造，但如果妳在六十三歲時依然美麗，那就是妳的靈魂所創造出來的。」我真心希望能看見年過四十、五十、六十，依然美麗的妳。

29

好奇心讓妳活著！學習，更了解自己、他人與世界

「為什麼會想自殺呢？」

「因為沒有活下去的理由。」

三十歲的她，有著漂亮臉蛋，是個出國留學過的千金小姐。其實，她並沒有多大的苦難，不是因為愛情而傷痛，或家境問題使她窒息，單純只是因為找不到自己究竟為什麼而活，而試圖燒炭輕生。臉上掛著始終如一的空虛神情，像個感受不到任何喜悅、難過、憤怒與哀愁的娃娃。

站在治療者的立場，面對這種患者的難度最高，還不如願意發脾氣的人，只要知道生氣的原因，導引她往正確的方向消氣就可以解決。

於是我對她說：「無論妳多麼想否定活下去的意義，可以肯定的是現在的妳依然想活著。不管其他理由，光是現在妳坐在這間診療室裡，就足以證明妳想活下去，如果妳真的想死，現在就不會在這裡了。」

雖然當下她沒說一句話，但在那之後她仍不斷地前來諮商。

蘇格拉底為何臨死前也要學音樂？

前陣子我看了一部紀錄片——《認真學習的人們》，影片中出現一對美國老夫婦，每天早上都以破解艱難的數學題做為一天的開始。八十九歲的老公與八十六歲的老婆，年輕時都是科學家，他們每天解一題年輕時認為難解的題目，並一起學習討論。再加上最近老婆開始學德語，她以擅長德語的老公為師，背著一個個單字，活像個充滿好奇心的青春少女。

當節目製作團隊訪問老奶奶為何這把年紀還要學習時，她回答：「我覺得可以觀看世間發生的事物很有趣，只有不斷積極學習才能成為世界的一部分。當我們用這樣的方式與世界接軌時，我們就沒有『退休』。」對老夫婦來說，活著就等於學習，學習就等於持續成長。

每個人都有最基本的學習欲望。聽說美國為了嬰兒潮世代退休後，在大學所開的課備受歡迎，哲學、歷史、文學、藝術等課程，內容其實都不簡單，申請者卻大排長龍。韓國的大學終身教育學院或文化中心，也不乏想要重新學習的人潮，一輩子從未學習過人文學的大叔與大嬸，即便年過半百，仍對古典講座或美術評論等有高度熱忱。那是一**種與維持生計無關的學習，單純只是為了更了解自己、他人以及這世界的純真求知欲**。

「人本主義心理學之父」亞伯拉罕・馬斯洛提出的需求層次理論認為，人的需求有層次順序之分，從最低的生理需求、安全需求到愛與歸屬的需求，當這些需求都充分被滿足時，人們就會開始追求較高的自我尊重、自我實現需求。人類的求知欲就是屬於自我實現需求，透過學習實現自我潛力，成為有意義的存在。

有個著名的故事說明人類會一輩子學習。被宣判死刑的蘇格拉底，趁人們還在準備毒藥時，竟開始吹著笛子練習某一首音樂的小節，某人問道：「現在吹笛子還有什麼用呢？」蘇格拉底則回答：「至少在死前能吹會一小節，不是很好嗎？」

停止學習的那一刻，等於死去

然而，在順利找到工作以前，我們都成長在難以盡情學習的環境中。中學時期，我們必須致力於升學考試為主的學習；上了大學，要進行各種學分、證照、多益等就業所需的學習，很難有空將心思放在其他地方。年輕時的學習，像走繩索般只朝單一方向前進，直到就業後，內心深處就會傳來渴望學習人生課程的聲音，不再為了考試，而是真正為自己學習。沒有活水不斷注入，就會成為一灘死水，**人都有想要不斷成長進步的欲望**，一種突然想要將空缺填滿的欲望。

這是發生在我當初到美國聖地牙哥（San Diego）進修時的事，好不容易安排了一場可以近距離接觸世界知名精神分析家的機會，正式進入精神分析之前，他問道：「妳怎麼會在這個年紀還想來這麼遠的地方接受分析呢？」我想了一會兒回答：「因為我想要成長進步。」

其實我能走到今天，也是歸功於自我成長的需求。我之所以生下妳後沒有辭掉醫院的工作，甚至遠赴美國進修，在五十歲那年放棄穩定的工作、開設個人診所，都是因為不想讓自己停留在原地，還想持續成長。

我不知道臨死前會不會像紀錄片中的老太太一樣，解著那些困難的數學題，或者像蘇格拉底一樣學習音樂，但是女兒啊，就像在電影《愛上羅馬》（*To Rome with Love*）中伍迪・艾倫（Woody Allen）所說，「退休的那一刻，就等於是我死的那天。」我應該也是如此吧。因為只要有活著的一天，就會想用盡各種方式與世界連結，儘管只是進步一點點，仍希望能親眼見證自己的成長過程。所以對於未來，我還有好多事想要認真學習。

三十歲開始學習的是智慧，而非知識

上了年紀的我還在學，年過三十的妳，也真正需要開始學習。至今妳所學的皆是解題方法而非思考方法，學習知識而非智慧，然而光是用那樣死讀書的腦袋，是無法從這險峻的人生中突破重圍的。如果妳身受工作壓力困擾，在人際關係中受盡折磨，想要找尋何謂人生、什麼是對與錯、如何生存下去等解答的話，就必須從書桌前起身觀看四周。

所謂學習，並非只有拿筆學習；小朋友在花草樹木間習得知識，青春則是在友情與戀愛中領悟，挫折與失敗是必須親身經歷過才有收穫的最佳學習。當人生經驗遇見思想與理論時，就會發展成智慧。如果說開車的方法是知識，那麼知道車子要開向何方就是智慧。空有知識的人容易因為一點小事就動搖，但有智慧的人卻不會。**真正的學習是獲得智慧，穩固自己的人生根基並成長茁壯**。

有句話這麼說：「若想了解人生，就要閱讀經典。」一個人一輩子會經歷的事很有限，然而經典是經歷多年被眾人所認證，其中必定流傳著人生重要智慧。因此只要閱讀經典，就能間接經歷自己未能實際接觸的寬廣視野，充實自己的靈魂，並且能以過去這些歷史做為未來人生的借鏡。

《希望的人文學》（*Riches for the Poor*，暫譯）作者蕭里斯（Earl Shorris，美國知名社會評論家），自一九九五年起，就對流浪漢、貧民、受刑者等進行人文學教育。他為何要對這些吃不飽也穿不暖的人，進行人文學教育而非職業教育呢？因為對他們來說，真正需要的是能夠整體觀照自我存在意義與價值的精神資產，但過去一直沒有機會學習，所以他們都活得非常隨興、衝動，浪費自己的人生。因此蕭里斯安排了反省自我與探索自我的學習課程，這也是為什麼我會推薦妳閱讀經典的原因。日新月異的現代社會裡，真正需要的是能夠整體觀照自我與社會的能力，才不致迷失人生方向。

就像先前那對老夫婦所說，活著就是要學習，學習就是成長，所以要記得活到老學到老，並將學習到的知識與智慧與他人分享。無論妳擁有多少，都應投資於創造更美好的世界。所有人都是連結在一起的，彼此相互影響，如果別人不幸福，自己也不會感到幸福。每個人都想要活得有意義，身為這個社會的一員，分享知識與智慧也是深具意義的行為，能夠讓世界更美好。

透過參與及分享，進一步創造美好世界，過程中獲得的充實感是超乎妳想像且深具價值的。無論是捐獻還是將關注的社會運動透過社群媒體傳播都好，即便只是一件小事，只要是真心為他人而做，就有無可取代的珍貴價值。

30

愛情是種技術，我們都該學會如何去愛

「如果想愛，就燃燒自己的生命去愛吧！」這是一首歌的歌詞，但是曾有一位不了解這句話意義的女人來找我，「我從來沒談過戀愛。」用這句話開場的她，繼續說著：「我應該是沒有女人的魅力吧！」並暗自做了「我只想和男人上床」的決定，還下了結論：「乾脆別談戀愛或許會更好。」年約三十五歲的修蓮小姐，最大的煩惱是沒談過任何戀愛。她形容自己原本應該像巧克力一樣甜蜜蜜的二十歲，竟像漏了氣的汽水一樣平淡無味，貼切表達了沒有愛情回憶的二十世代青春。

「二十出頭時，我認為愛上某人就等於失敗，所以感到非常恐懼，我想保護自己。然後從二十五歲開始，每次都覺得下個男人一定會更好，而推掉每一段找上我的愛情。就這樣不斷躲開戀愛機會後，不知不覺我已成了發『好人卡』的高手，二十代後半段根本不知道什麼是孤單，因為我永遠只有自己一個人。」

與修蓮對話的過程中，我感受到她比任何人都渴望愛情，卻沒有勇氣面對這樣的自己。對她來說，談戀愛就像落榜後卻期望候補上榜一樣機會渺茫。

命定的白馬王子真的會出現嗎？

假設我們的心是金字塔，最底層由兩種不同的記憶堆砌而成，一是非常珍貴的回憶，另一則是非常痛心的回憶。修蓮的母親患有憂鬱症，生病的母親從未對她表達過愛、微笑或溫暖話語，這些記憶存在內心最底層，影響著她，使她渴望卻又懼怕愛情。這種症狀稱為「逃避型依附」（avoidant attachment），這類型的人十分熟練檯面上的社交關係，但私底下的人際關係則像個兒童，一旦男性朋友對她提出邀約，就下意識卻步或逃避。

當然，造成這樣的結果並非只有單一理由。之所以沒辦法談戀愛，除了內在心理因素外，也有著外表的條件因素。修蓮拿到博士學位後進到大企業，是一位名副其實的黃金單身女郎，雖然渴望能與愛人共組家庭，但放眼望去身旁已沒有合適人選。因為她期待第一次的戀愛對象，在外貌、學歷、性格等所有面向都要純真，才有勇氣接受對方。然而，究竟是否真如她所言身邊都沒有合適的人選呢？

每當我遇見醫院裡的職員或女性晚輩，就常聽她們說身邊有很多不錯的單身女性，卻沒有值得介紹給她們的男人。尤其是三十五歲上下、職場表現良好的女性，更難介紹適合的對象。因為通常適合的人已經結婚或有另一半，要不就是本身有問題，甚至還出現「ABCD理論」來證明這樣的現象。適婚年齡的男性與女性，若以學歷做為基準，從A到D分成四個階段，那麼A級女性與D級男性的未婚率是最高的，因為男性比較難接受自己的另一半太有能力，所以A男與B女、B男與C女、C男與D女結婚的機率較高，愈是高學歷的A級女性，愈難找到可以匹配的男人。

專家發現在過去半世紀，女性的學歷與地位雖有明顯成長，但婚姻觀念卻沒有趕上時代的腳步，才會產生這樣的現象。不論這種現象是否符合現實，將男女不平等的觀點套用在愛情上，仍有其不文明的一面。但就我的觀點來看，有一點是引起我關注的，就是**將愛情全然歸責於對象的問題**，彷彿只要出現符合自己條件的對象，就能擁有美麗愛情一般。

俗語說：「連草鞋都有自己的另一半。」認為只要遇見命中注定的對象，自然會墜入情網，就像王子與公主的浪漫愛情故事，只要兩人相遇就能永遠過著幸福快樂的日子，電影與連續劇亦是如此。所以，我們對於「落入愛河」的刻板印象，就是男人和女人相遇時一見鍾情，最終共享美好幸福；或者只是與對方擦肩而過，從此再難從記憶中抹去，那似曾相識的感覺，彷彿找到失散已久的另一半。所以渴望愛情的每個人，首要課題都是找尋心中的「那個人」，要是沒有找到真正對的人，就不可能展開戀情。

然而，真的只要等到命運安排的對象現身，就能自動開啟一段戀情嗎？為了回答這個問題，我必須先從戀愛階段開始說明。

活著是一種技術，愛情亦然

愛情從「陷入」熱戀開始，經過戀愛「進行」階段，最後到達戀愛「維持」的階段。第一階段陷入熱戀期，兩人合而為一，徹底破除自我警戒線，建構出專屬於兩人的世界；第二階段戀愛進行期，陷入熱戀的兩人從共同的軀體中脫身而出，一步步配合彼此不同的世界觀，朝共同的方向邁進；第三階段戀愛維持狀態，兩人必須在外部世界共同面對各項挑戰堅持下去。

如果情人眼裡出西施的階段是熱戀期，戀愛進行階段就是即使已認清對方不是「西施」，依然會為了彼此努力犧牲奉獻。環顧四周不難發現，雖然愛情已不再轟轟烈烈，但仍舊維持彼此尊重且和平相處的夫妻或情侶不在少數，這些人就是已跨越戀愛階段，到達維持階段。然而比起陷入熱戀，戀愛進行與戀愛維持階段反而需要更多努力。

《心靈地圖》（*The Road Less Traveled*）的作者史考特．派克（Scott Peck）博士曾說：

「愛情是為了促進自我與他人的精神成長，而發展的自我意志。」墜入情網的人，會用全身去感受與對方在一起的美妙時刻。超越熱戀期，決定要在一起的兩人會開始關心對方，了解對方的成長過程，並且努力屏除自己先入為主的觀念，主動想要改變自己，真心傾聽對方的心聲。所以，社會心理學家埃里希．佛洛姆（Erich Fromm，人本主義哲學家和精神分析心理學家）斷言，愛情其實不受對象的影響；就像**活著是一種技術，愛情也是一種技術**，我們必須學會如何去愛。也就是說，愛情並非在遇到特定對象後就結束，而是培養能力使對方成為自己真正心愛對象的過程。

韓國搖滾樂團「復活」的主唱金泰源（或譯金泰元），曾在電視脫口秀節目上，提到「愛情是義氣」這樣的觀念，這是他與初戀情人也就是現在的老婆，一起生活到現在的心得。雖然與他同台的其他來賓都因這句話而笑了，但我認為這句話確實有其意義。他和太太當初一定也是被愛蒙蔽了雙眼，確信對方是為自己而存在，但相信在結婚生子後，同樣感受到愛情溫度逐漸冷卻。但是他們沒有就此打住，即便發現了彼此不為人知的缺點，仍決心包容、為彼此的成長加油打氣。金泰源經歷過許多人生起伏，現在的他之所以備受大眾愛戴，或許是因為「堅持愛情到最後」的那股夫妻義氣也說不定。

所以，別再為了空等那命中注定的對象而虛度光陰，真正的愛情就像是父母會餵小孩、哄小孩、幫小孩穿衣服、扶持他成長一樣，會溫暖保護妳那孤單且辛苦的心，彼此成長，而這些所做所為會促使自己即便在這不如人意的世界，依然能找到繼續活下去的動力。然而，如果妳依然堅持愛情是因為「沒有遇見合適的人」而不斷分分合合，就永遠無法享有愛情所帶來的成長喜悅。

愛，是需要努力才能看見

長輩們常用語重心長的口吻，奉勸年輕女孩「趁年輕一定要多談談戀愛」，其實有背後深藏的理由。唯有談過戀愛，才知道下一段戀愛如何才能更好；就像實際做過料理才會明白芝麻葉與大白菜，都要將反面洗得比正面乾淨才行，愛情之中同樣有許多事是親身經歷過才會領悟。就像眼淚不聽使喚地流下，自尊心跌到谷底的那種滋味；即便受了多大的心理傷痛，也依然不願放下愛情的傻子；比起單身，還是渴望身邊有個人會更幸福的事實……這些都是要上過這堂苦澀的戀愛課程，才能學會。

愛情，唯有透過經驗才能進入成熟階段。透過這堂課，我們會更了解自己；當初為什麼會被對方吸引，為什麼會起爭執，心中永遠沒有被填滿的空洞究竟是什麼感覺……都會透過戀愛的過程得出這些心得。當了解到過去自己渾然不知的一面時，就會開始理解與自己有著同樣傷痕的人。

德國發展心理學家艾瑞克森（Erik Homburger Erikson），將人們與朋友或戀人，保持親密關係的能力稱為「親密感」。換個角度想，家人以外，還有其他人愛著自己是非常可貴的，而且自己也要成為某人這樣的對象，這就是我們所有人都必須實踐的課題與義務。

我告訴修蓮別太挑剔對方，並給了她一項作業請她找尋家人以外的親密對象。可能距離成功的戀愛還需要一至三年，但最令人感到欣慰的是，至少她願意鼓起勇氣面對生病的自我。此外，我請她暫時先別強求對方一定要符合結婚對象的條件，先從看到對方的優點開始，找尋彼此相同的價值觀，若遇見價值觀不同時，不妨培養彼此溝通解決的能力。

法國作家維克多．雨果（Victor-Marie Hugo）曾說：「人生最大的喜悅，來自於確信自己被愛；更精確地說，應是即使對方看見最真實的自己，也依然被愛。」愛與被愛是人類最棒的喜悅，所以無論妳正過著多麼完美的人生，切記要保留愛人的機會。花朵會藉由蜜蜂採蜜維持糖分的平衡，毛毛蟲會將花瓣的表面變光滑，人類同樣有個一定要藉他人之手才能填補的空白地帶，而且別忘了那塊區域是只有當自己願意與他人分享愛時，才會被填滿。

女兒啊，最後我希望妳一定要記得，**無論身處在愛情的哪個階段，只要停止努力，愛情就很有可能毀於一旦**。在溫暖與舒適感中記得分享彼此的人生，由衷感謝彼此的存在，這些都是相愛的兩人所能享受的最佳幸福，但這些絕對不是單單只靠結婚過日子就能享有，而是必須一輩子共同努力才能得到。所以女兒啊，無悔地盡情去愛吧！

31

人生很簡單，找到生活樂趣、幸福就好

妳還記得《醜聞筆記》（*Notes on a Scandal*）這部電影嗎？

茱蒂．丹契（Judi Dench）所飾演的六十歲單身女教師芭芭拉（Barbara Covett），是電影的主角。至今仍有一個畫面令我印象深刻。芭芭拉對其他教師說：「小時候我對自己有幻想，想要成為世界上非常重要的人物，但某天我發覺自己的能力有限，我好害怕會親手毀了自己的一生。」除了擔心自己隱藏已久的孤單會被他人發現外，因為她的個性一直都很刻薄又伶牙俐齒，突然說出這種話，使我更有感觸。

當我的人生結束時，我究竟會對什麼事感到後悔？又會對什麼事感到惋惜？瞬間我想起了母親，現在已不在我身邊的她。

妳也知道，外婆經歷了韓國戰爭（編按：六二五事變，北韓與南韓之間一場局部戰爭，自一九五〇年六月二十五日開戰至一九五三年七月二十七日簽署停戰協定），送走了外公，獨自一人守寡了三十多年。年輕時為了照顧六個小孩，從凌晨到晚上睡覺前，忙得不可開交，但她從不喊苦。印象中的她堅強有韌性，有著強烈及永不停歇的生命力。

不論外貌還是性格，我都認為自己比較像父親，但在心臟不好的母親不幸默默離開人世時，妳爸爸對我說其實我真的很像外婆，即便喊累仍會不斷找事情做，還想不斷嘗試挑戰新的事物。

當時我才意識到，原來自己不知不覺已承襲了母親的性格。小時候總覺得母親為了小孩不斷犧牲自己，所以我告訴自己以後絕對不能像她一樣；但如今回想，當初的她一定也不想過那樣的人生，只是因為在戰爭與窮困的時空背景下必須養育小孩。父親過世後，她獨自一人扛起家計，逼不得已的情況下使自己變得堅強。即便如此，她從未有過一句怨言，並且正面樂觀地面對人生。

還記得在妳小時候，外婆幫我照顧過妳，每當她聽到我抱怨太累時，就會這樣對我說：「人生沒什麼，開心過生活。」或許當時她說這句話也意味著，**就算人生會愈活愈苦，也要懂得找到人生樂趣**。

拋棄一較高下的人生，快樂活著

有些小孩不到十歲，卻對人生失去興趣。他們的父母前來醫院，對我訴說：「我的孩子智商明明有一百二十五，但考試成績卻在四十名中排名第三十五，還一直喊著沒有夢想。」因此請我幫忙治療。

但往往那些孩子根本不知道自己哪裡有問題，沒有喜歡的東西、沒有想要做的事，也沒有想要成為的人物，所以無論去學校還是在家裡，都不知道自己要幹嘛。當一個人失去活著的樂趣時，一天一天只會變成行屍走肉般空洞，最終成為爸媽念一下他動一下，老師念一下才會動一下的機器人。

每個人都帶著強烈的好奇心與能量誕生於世，所以小朋友才會對世間萬物感到好奇，時時刻刻都想探索這世界，什麼都想摸摸看、咬咬看、吃吃看，透過好奇心認識這世界。但過度的教育、提前學習以及競爭意識，使得孩子們不再對這世界好奇，只要感到疲乏的人，不分老少都想要休息、什麼事都不做。在這種情況下，要求他們產生學習新事物的念頭，更是難上加難。

我最喜歡《論語》中的一段話：「知之者不如好之者，好之者不如樂之者。」**樂在其中的人，無人能敵，那樣強烈的能量才能成為領導人生繼續向前邁進的原動力。**

年紀愈大，需要負擔的責任與事情就愈多，為了跟上快速變遷的時代腳步，需要學習的事也愈多，每個人都可能因壓力而感到疲乏，就連學習新事物都成為一種壓力。但愈是這樣就愈不能放棄對人生的好奇，並且要努力樂在生活，無論任何事都要發自內心，感覺有趣而樂於執行，我想這也是母親為什麼叫我要快樂過生活的原因了。

女兒啊，以後妳會對我留下什麼印象呢？

真希望在妳的記憶中，我是個永不停歇、不斷學習成長、樂在當下、努力讓自己的人生活得精采的媽媽。

人生已逝的瞬間就再也找不回來了，所以千萬別將寶貴的時間用來抱怨或感嘆。此外，妳**來到人世間並不是為了與他人一較高下，只要做好本分、幸福地過日子就好了**。

所以女兒啊，就像外婆所說的，開心過日子吧！當意想不到的苦難找上妳，或者即使身旁有人陪伴仍揮不走妳的孤單，又或者度日如年的生活像極了監獄時，只要想起這句話，相信一定會成為支持妳的莫大力量。

—尾聲— 獻給世上所有的女兒與母親

長年以來，我身為精神科醫師，與多位患者分擔他們的心理傷痛，**領悟到他們的故事同樣是所有人的故事**。我和他們一樣擁有憂鬱、焦慮、失去、傷痛等記憶，而且任何人都有正面成長的力量。

這本書是透過女兒結婚的機會而執筆寫下。雖然，要親手送走養育三十年女兒的心理過程確實不容易，但這並非只有我這個做母親的才會經歷，而是世上所有母親和女兒都會經歷的過程，因此讓我動念想要與更多人分享。

我要感謝提供書中許多實際案例靈感的患者們，雖然書中案例多半像是特定患者的故事，但其實是我將有相似困擾的患者故事濃縮集結而成。

身為精神科醫師，而且是深層分析治療的醫師，要將個人的故事如此攤在陽光下，不是一項容易的決定。動筆時，雖有許多讓我感到害羞或不自在的部分，但一想到這**並非僅限於我與女兒之間的故事，而是全天下母女都會經歷的過程**，讓我得以繼續提起勇氣執筆。

一直到本書出版為止，不斷默默在我身旁守護我的老公，以及不吝為我打氣加油的姊姊，我想對他們兩位說聲感謝。當然，還有在寫作過程中，無聲地默默參與這本書的女兒，我要給予她無限的愛。

雖然這本書是寫給「全天下身為女兒的人」，但也希望能對那些女兒的媽媽、與我年紀相仿的女性，提供一些心理安慰與共鳴。特將本書獻給即將開啟第二人生的女兒，以及開啟第三人生的媽媽們；更進一步地，也希望這本書能與世上所有女性一同分享。

國家圖書館出版品預行編目（CIP）資料

心理醫師媽媽給女兒的人生真心話：給已經長大卻害怕未來的妳──關於職場、婚姻、獨處與育兒的幸福抉擇／韓星姬著；尹嘉玄譯 .-- 修訂二版 .-- 臺北市：城邦文化事業股份有限公司商業周刊，2023.04
248 面；14.8×21 公分
譯自：딸에게 보내는 심리학 편지
ISBN 978-626-7252-36-9（平裝）
1. 生活指導 2. 女性

177.2 112002513

心理醫師媽媽給女兒的人生真心話

給已經長大卻害怕未來的妳——關於職場、婚姻、獨處與育兒的幸福抉擇

〔本書為改版書，原書名為《心理醫師媽媽告訴女兒的31件事》《為什麼，你的人生填滿別人的待辦清單？》〕

作者	韓星姬 한성희
譯者	尹嘉玄
商周集團執行長	郭奕伶

商業周刊出版部

總監	林　雲
責任編輯	林美齡（初版）、呂美雲（修訂一版、修訂二版特約）
封面設計	李涵硯
內頁排版	邱介惠、中原造像股份有限公司
出版發行	城邦文化事業股份有限公司 - 商業周刊
地址	104 台北市中山區民生東路二段 141 號 4 樓 電話：(02) 2505-6789 傳真：(02) 2503-6399
讀者服務專線	(02) 2510-8888
商周集團網站服務信箱	mailbox@bwnet.com.tw
劃撥帳號	50003033
戶名	英屬蓋曼群島商家庭傳媒股份有限公司城邦分公司
網站	www.businessweekly.com.tw
香港發行所	城邦（香港）出版集團有限公司 香港灣仔駱克道 193 號東超商業中心 1 樓 電話：(852) 2508-6231 傳真：(852) 2578-9337 E-mail：hkcite@biznetvigator.com
製版印刷	中原造像股份有限公司
總經銷	聯合發行股份有限公司　電話：(02) 2917-8022
初版 1 刷	2014 年 3 月
修訂二版 1 刷	2023 年 4 月
定價	350 元
ISBN	978-626-7252-36-9（平裝）
EISBN	9786267252505（PDF）／9786267252512（EPUB）

生命樹

Health is the greatest gift, contentment the greatest wealth.
~Gautama Buddha

健康是最大的利益，知足是最好的財富。 ——佛陀